AF501499

RÉPONSE
DE L. N. M.
CARNOT,

CITOYEN FRANÇAIS,

L'UN DES FONDATEURS

DE LA RÉPUBLIQUE,

ET MEMBRE CONSTITUTIONNEL

DU DIRECTOIRE EXÉCUTIF,

AU RAPPORT

FAIT SUR LA CONJURATION

DU 18 *FRUCTIDOR*,

AU CONSEIL DES CINQ-CENTS,

PAR J. CH. BAILLEUL,

Au nom d'une commission spéciale.

---

8 Floréal an VI de la République.

RÉPONSE

DE L. N. M.

CARNOT,

CITOYEN FRANÇAIS,

L'un des fondateurs de la république, & membre conſtitutionnel

DU DIRECTOIRE EXÉCUTIF,

Au rapport fait ſur la conjuration du 18 fructidor, au conſeil des cinq-cents, par J. Ch. Bailleul, au nom d'une commiſſion ſpéciale.

IL m'eſt enfin parvenu un exemplaire du rapport de Bailleul, ſur la conjuration de fructidor ; je me ſuis empreſſé de chercher dans ce rapport ſi quelque choſe pouvoit me concerner perſonnellement ; j'ai trouvé qu'en effet, la commiſſion m'avoit honoré d'une attention particulière, & qu'elle avoit conſigné mes prétendus délits dans environ douze lignes du texte, & quarante-cinq lignes des notes.

J'ignore ſi dans tout le reſte du rapport, elle eſt auſſi véridique que ſur l'article qui me concerne ; mais je commence par déclarer, & je vais démontrer tout-à-l'heure, que cet article n'eſt qu'un tiſſu d'abominables impoſtures, qu'il ne s'y trouve pas un ſeul mot qui ne porte le caractère d'une fauſſeté préméditée, & de la plus inſigne perfidie.

Lorſqu'une commiſſion eſt chargée par le corps légiſlatif de lui faire un rapport authentique ſur un évènement, qu'elle y a coopéré elle-même ; qu'au bout de ſix mois de travail & de recherches, elle annonce avoir enfin recueilli tous les faits connus; & qu'après le narré de tout ce qu'elle regarde comme ſimplement conjectural ou probable, elle déclare [page 26, note] que, *toute la ſuite de ce rapport eſt appuyé ſur des pièces officielles dépoſées chez les miniſtres*; lors, dis-je, qu'il en eſt ainſi, & que cependant, la ſuite de ce rapport contient des ſéries de faits qui ne ſont appuyés ſur aucune pièce officielle, qu'il exiſte, au contraire, des pièces officielles ſans nombre, qui les démentent tous, qui les détruiſent radicalement tous, je dis que le rapporteur eſt un homme infâme, ainſi que tous ceux qui ont participé avec lui, à cet œuvre d'iniquité.

Bailleul, coſtumé en chouan, faiſant le métier de chouan à la convention nationale, eſt devenu tout-à-coup un patriote renforcé, c'eſt-à-dire, ſuivant la nouvelle acception de ce mot, un homme ſervilement dévoué au directoire exécutif; voulant que le corps légiſlatif ſoit réduit à n'être plus qu'une chancellerie, qui enregiſtre à l'aveugle, les ordres ſuprêmes de ce maître abſolu; qui chaſſe de ſon ſein ceux que le directoire lui ordonne de chaſſer; qui proſcrive ceux qu'il lui ordonne de proſcrire; applaudiſſant à ſes fureurs; livrant à ſes caprices, à ſon avidité, les ſueurs, la liberté, l'honneur, la vie des citoyens.

Qui a décidé Bailleul à ſe lancer dans cette nouvelle carrière? Sans doute la promeſſe d'une légation, ou de quelqu'autre place importante. Mais Bailleul & ſes conſorts apprendront que le directoire promet beaucoup, & tient peu. Il apprendra, comme ſes conſorts, que la baſſeſſe finit toujours par obtenir ſa récompenſe, qui eſt le mépris de ceux même à qui elle eſt utile.

Tels ſont les républicains du jour, les patriotes par excellence. Mais celui qui aima mieux ſe perdre que de ſortir des limites de la conſtitution, eſt un royaliſte ; celui qui vota la mort du roi, fit la guerre aux rois, qui contribua à l'humiliation de tous les rois ; celui-là eſt un royaliſte. La choſe eſt évidente : *on ne cherche point à prouver la lumière*, dit Bailleul, [page 2.]

Ce grand principe une fois poſé, la dialectique du rapporteur ſe trouve fort à l'aiſe. Il n'a plus beſoin de *chercher à prouver* ; il ſuffit d'énoncer les faits. Et de même que Saint-Juſt accuſant ſes collègues à la tribune de la convention nationale, diſoit : *Les pièces ſont au comité* ; Bailleul, accuſant les ſiens à la tribune du conſeil des cinq-cents, dit : *Les pièces ſont chez les miniſtres.*

Votre commiſſion, ajoute-t-il, [p. 2],

croiroit avoir mal saisi votre intention, si elle se présentoit pour apporter des preuves, pour fournir des justifications.

Très-bien, citoyen Bailleul, on conçoit ce que cela veut dire. Je conviens que ce seroit *mal saisir les intentions* de ceux qui savent qu'il n'existe d'autres preuves que celles de leurs propres crimes, que de mettre ces preuves sous leurs yeux, sous les yeux du peuple, sous les yeux de l'Europe. Et ceux qui, comme vous, connoissent par leur sens intime, les véritables conjurés de fructidor: ceux qui craignent encore aujourd'hui, qu'on ne leur fasse voir trop clair sur la journée immortelle, sur cette journée qui vit expirer la constitution sous leurs poignards, qui vit mettre les droits de l'homme en lambeaux par leurs mains sacriléges, ceux-là, dis-je, vous sauront gré de ce trait de génie digne de Fouquier-Tinville. Mais tout le monde n'a pas, comme vous & eux, l'art de se mettre au dessus des reproches de sa conscience, & ceux des représentans qui, glacés d'épouvante en ce jour de gloire, proscrivirent ou laissèrent proscrire, par foiblesse ou par impuissance, leurs collégues en masse; en gémissant, & dans l'espérance qu'un jour du moins on les soulageroit du poids dont ils étoient accablés : ceux-là, citoyen Bailleul, n'auroient pas trouvé que vous eussiez mal saisi leur intention, ni que vous eussiez pris une peine superflue, en leur montrant, que ce qu'ils firent alors, étoit sinon constitutionnel, au moins juste pour le fond.

Eh bien! moi qui suis loin du cabinet des ministres, moi retiré dans un village du cœur de l'Allemagne je vais prouver à Bailleul, que les pièces qu'il dit être déposées chez les ministres, qu'il dit avoir lues & vues, n'exiſte pas ; je vais prouver à Bailleul qu'il en exiſte une multitude qui conſtatent les faits diamétralement opposés à ceux qu'il garantit ; je vais prouver à Bailleul qu'il eſt le plus lâche & le plus vil de tous les impoſteurs.

Je rapporterai phraſe à phraſe ce qu'il dit ſur mon compte, & je répondrai ſucceſſivement à chacune d'elles. Voici le texte littéral (page 35).

Carnot nie qu'il ſe commette des aſſaſſinats.

Eſt-ce par écrit, citoyen Bailleul, ou verbalement que j'ai nié ce fait ? ſi c'eſt par écrit, les *pièces officielles* doivent ſe trouver chez les miniſtres, ainſi que vous l'avez annoncé plus haut ; produiſez ces pièces, expliquez-nous quelles eſpèces de pièces pourroient conſtater une pareille négation ; par quel genre de déclaration, quelqu'un peut affirmer, que dans toute l'étendue de la France, ou ſeulement dans le Midi par exemple, il ne ſe commet aucun délit. Paſſons ſur ce petit ridicule ; je vous ferai voir tout à l'heure que les pièces officielles qui exiſtent diſent tout le contraire. Donc d'abord vous mentez, quand vous dites que tous les faits ſont prouvés par *pièces officielles*. C'eſt donc verbalement que j'ai nié le fait. Qui a pu vous dire cela, citoyen Bailleul ? le directoire, dont ſans doute les paroles méritent la même confiance, que les *pièces officielles dépoſées chez les miniſtres*. Mais, citoyen Bailleul, le directoire témoigne ici dans ſa propre cauſe. Il faut de deux choſes l'une ; ou que le directoire convienne qu'il eſt coupable d'un attentat horrible, ou qu'il ſoutienne que ceux qu'il a proſcrits ſont véritablement criminels. Il eſt tout-puiſſant ; les autres ſont fugitifs ou dans les fers.

Croyez-vous qu'il va proclamer leur innocence, & se déclarer lui-même digne du dernier supplice.

Le nombre des assassinats fut sans doute fort exagéré par les journalistes, & les motifs de ces assassinats n'étoient pas toujours ceux qu'ils leur attribuoient. Mais loin que je les aie jamais niés, personne n'a tant pressé que moi la poursuite des assassins ; personne ne s'est récrié avec tant d'amertume contre la partialité révoltante des tribunaux ; personne n'a demandé avec tant de chaleur & d'instances aux membres du corps législatif, qu'ils accordassent enfin au directoire, des moyens suffisans pour arrêter ce débordement de crimes.

Les *preuves officielles* de tout cela citoyen Bailleul, sont dans les lettres que j'écrivois, au nom du directoire, aux généraux commandans dans l'intérieur,

&

& qui ſont dépoſées au directoire même; elles ſont dans le témoignage de tous ceux qui m'ont entendu parler ſur ce ſyſtême exécrable d'égorgement.

Je vais citer à mon tour un fait qui montre, que loin de nier ces attrocités, je faiſois, au contraire, tout mon poſſible pour en faire punir les auteurs; & qui paroîtroit ſingulier, ſi l'on ne connoiſſoit pas la profonde ſcélérateſſe des tyrans, dont vous êtes, Bailleul, le digne ſuppôt; mais le fait eſt conſtaté par *pièces officielles dépoſées chez les miniſtres.*

Il s'étoit commis, à Dijon & à Arras, des actes de violence; il y avoit même eu un meurtre conſommé dans la première de ces deux villes; & l'on ne pouvoit douter que ces actes n'euſſent été l'ouvrage des contre-révolutionnaires; j'avois recueilli ſur ces faits, des témoignages nombreux & certains; j'en avois fait part au directoire, & je les avois remis au ministre de la police générale, avec invitation de poursuivre les coupables. Eh bien ! croira-t-on que je n'ai jamais pu obtenir un rapport sur ce sujet ? Croira-t-on que j'en ai parlé avec les plus vives instances, plus de quinze fois au directoire, sans qu'il ait voulu s'en occuper ? les pièces que j'ai déposées font foi ; les députés de la Côte-d'Or peuvent particulièrement attester l'ardeur que j'ai mise à poursuivre l'affaire de leur département, & tous mes soins ont été infructueux : pourquoi ? parce que le directoire étoit bien aise qu'on commît des assassinats, parce que le remède, selon lui, étant dans l'excès du mal, il vouloit en effet que le mal fût porté à l'excès. C'étoit autant de prétextes qu'il avoit pour accuser les membres du corps législatif & ceux du directoire qu'il vouloit perdre. Il saisissoit sur-tout avidement l'occasion de déverser sur moi, l'indignation que devoit nécessairement produire l'inquiétude du crime, dans les départemens qui devoient plus spécialement m'intéresser. Je suis né dans le département de la Côte-d'Or, & marié dans celui du Pas-de-Calais; voilà pourquoi je n'ai jamais pu obtenir justice, ni pour l'un, ni pour l'autre de ces départemens.

Il s'oppose à la destitution de Willot.

Ou Willot étoit coupable, citoyen Bailleul, ou il ne l'étoit pas. Si Willot n'étoit pas coupable, j'ai dû m'opposer à sa destitution; s'il l'étoit, ce n'est pas moi qu'il faut accuser; ce sont précisément ces triumvirs qui veulent me charger du crime qu'ils ont commis. N'étoient-ils pas en majorité au directoire? Ne pouvoient-ils pas, malgré mon opinion particulière, destituer Willot ? il faut donc, ou que le triumvirat ait pensé comme moi que Willot n'étoit pas criminel, ou qu'il ait été le complice de Willot. Choisissez, citoyen Bailleul. Comment se peut-il, qu'ayant pris six mois pour forger des mensonges, vous en laissiez échapper de si mal-adroits ?

Conçoit-on quelque chose de plus bête, que trois membres d'un directoire qui disent : « Nous formions majorité, & nous pouvions prendre toutes les mesures que nous voulions pour arrêter les désordres. Cependant, nous avons laissé commettre des assassinats sans nombre, parce qu'un de nos autres collègues ne croyoit pas qu'il se commît des assassinats, quoique nous fussions parfaitement sûrs qu'il s'en commettoit tous les jours. Nous avons laissé en place le chef des égorgeurs, parce que ce même collègue ne croyoit pas que ce fût un égorgeur, quoique nous euſſions mille preuves que c'en étoit un ?

« Notre collègue a pu être trompé ; il eſt coupable d'erreur ; par conſéquent c'eſt un royaliſte qu'il faut déporter. Quant à nous, on ne nous en a point imposé ; c'eſt très-ſciemment que nous avons laiſſé commettre des milliers d'aſſaſſinats, ainſi nous ne ſommes coupables que de lâcheté & de cruauté ; par conſéquent nous ſommes les vrais patriotes, & nous devons reſter au directoire pour faire des 19 fructidor.

Willot fut envoyé à Marſeille comme homme à caractère & propre à contenir tous les partis. Il avoit combattu avec ſuccès les rebelles de la Vendée. On trouvera même dans ſes lettres, qu'il penſe que Hoche ne s'en défie point aſſez. Il craint que leur ſoumiſſion ne ſoit une feinte, qu'ils n'abuſent de l'indulgence du gouvernement; qu'ils ne profitent de la première circonſtance favorable pour renouer leurs trames.

Bientôt cependant arrivent de Marſeille des rapports contradictoires ſur la conduite de Willot; ceux qui les font ſe diſent tous les vrais patriotes, traitent tous leurs adverſaires de brigands & d'aſſaſſins; les uns pour le compte de l'anarchie, les autres pour le compte du royaliſme.

Barras propoſe la deſtitution de Willot. Mais quels amis, quels correſpondans pouvoit avoir Barras à Marſeille? probablement ceux qui, pendant ſa miſſion avec Fréron, lui avoient conſeillé tant de deſtructions, tant de maſſacres, tant de ſcènes d'horreur. C'étoient les autorités conſtituées nouvellement établies par ce même Fréron dans ſa ſeconde miſſion ; par ce diſciple, ce coopérateur de Marat, qui ſe vante d'avoir composé les articles les plus virulens de ſes feuilles ſanglantes, & qui, même après le 9 thermidor, l'invoquoit encore comme ſa divinité tutélaire.

J'opinai contre la deſtitution de Willot, avant qu'il fût pris de nouveaux renſeignemens ; les autres membres du directoire opinèrent de même. Cela eſt évident, puiſque, s'ils euſſent opiné comme Barras, ils auroient eu majorité, & Willot eût été deſtitué. Et ce ſont ces infâmes qui m'accuſent aujourd'hui de m'être opposé à la deſtitution de Willot !

Il y avoit dans les départemens du Midi, un particulier inveſti de la confiance du directoire, nommé *Cadet*. On convint de s'en rapporter à lui ; on lui ordonna d'aller sur-le-champ à Marseille, & de rendre un compte exact & positif de la conduite de Willot. Cadet écrivit que Willot se conduisoit très-bien, qu'il déployoit beaucoup d'énergie & d'impartialité, & qu'il étoit absolument sans reproche. Willot fut donc unanimement conservé à Marseille ; Barras lui-même n'osa pas voter contre.

Dans le même temps, on porta des plaintes contre Moynat-d'Auxon qui commandoit à Toulon. Le directoire ordonne à *Cadet* de se porter à Toulon, & de rendre compte de la conduite de Moynat. *Cadet* répond que Moynat n'est point propre au commandement, & qu'il penche à l'aristocratie. Je propose sur-le-champ la destitution de Moynat ; je prends la plume & rédige moi-même l'arrêté. Le secrétaire général peut & doit attester ce fait.

Les délibérations du directoire sont consignées dans ses registres ; les lettres de *Cadet* sont parmi les *pièces officielles* déposées dans ses bureaux. Êtes-vous satisfait de la réponse, citoyen Bailleul ?

Il existe encore d'autres pièces officielles sur Willot : ce sont les lettres que je lui ai écrites à Marseille, au nom du directoire exécutif, & celles que je lui ai adressées en mon propre & privé nom, depuis son entrée au corps législatif. Toutes prouvent formellement le contraire de ce que vous avancez. La dernière contient des reproches amers, sur la marche qu'il suivoit au conseil des cinq-cents. Le directoire s'est saisi de la minute en faisant mettre le scellé sur mes papiers : & ce qui montre sa bonne foi & la vôtre, citoyen Bailleul, qui dites avoir recueilli toutes les pièces ; c'est que non-seulement vous ne faites pas mention de celle-ci qui confondroit votre imposture, mais que même vous osez avancer le fait diamétralement opposé, à celui qui est matériellement prouvé par cette lettre. Certes! quand tout ce que j'avois de plus précieux, quand mes papiers de famille sont tombés entre les mains des tyrans, on ne peut pas dire que j'eusse laissé seulement les lettres que je voulois bien qu'on lût. En existe-t-il dans toute l'étendue de la république ou ailleurs, qui soient d'un autre style? J'invite ceux qui les ont, à les adresser au directoire exécutif.

Non-seulement on a dû trouver dans mes papiers, ma lettre à Willot, mais toute ma correspondance personnelle avec Bonaparte y étoit; toute ma correspondance officielle avec les généraux pendant la campagne de 93 & 94, y étoit; toutes les lettres que j'ai écrites parriculièrement à divers représentans du peuple, depuis l'ouverture de la derniére session, y étoient. On peut voir si j'ai varié dans mes principes, si le langage que je tenois sous le gouvernement révolutionnaire, est différent de celui que j'ai tenu sous le gouvernement constitutionnel. Si ce n'est pas par-tout, celui du civisme le plus ardent, uni au sentiment profond de l'humanité & de la plus pure morale. Ces écrits contiennent la meilleure réponse qu'on puisse faire & à ceux qui ont voulu m'envelopper dans la conjuration de Robespierre, & à ceux qui m'ont enveloppé dans la proscription de fructidor. Un jour, peut-être, on m'accusera d'avoir partagé la nouvelle tyrannie.

Lorsque Willot fut nommé au corps législatif, on pensa que ce qu'il y avoit de mieux à faire, étoit de charger Bonaparte, d'envoyer à Marseille pour le remplacer, celui des généraux de l'armée d'Italie, qu'il croiroit le plus propre à remplir cette miſſion délicate & importante. Bonaparte envoya Sahuguet. Bientôt on fit à Sahuguet les mêmes reproches qu'on avoit faits à Willot. Ainſi le procès de Bonaparte eſt tout fait au beſoin par vous, citoyen Bailleul.

Ennemi jadis implacable de Pichegru, depuis que celui-ci eſt entré au corps légiſlatif, il le voit tous les jours dans le ſecret & l'intimité.

Je n'ai jamais été ni l'ami ni l'ennemi de Pichegru ; je n'ai jamais été ni l'ami, ni l'ennemi perſonnel d'aucun des généraux en chef de la république. J'ai eſtimé & recherché ceux qui étoient habiles, & je les ai employés autant que je l'ai pu : ceux qui étoient malheureux, j'ai tâché de les écarter ſans leur donner aucun déboire.

J'ai commencé à perdre confiance en Pichegru, lorſque ſa marche m'a fait naître des craintes ſur la loyauté de ſes principes. Rewbel cita au directoire quelques faits qui les augmentèrent. Pichegru avoit offert trois fois ſa démiſſion : je propoſai enfin de l'accepter : Pichegru ceſſa d'être employé ; il vint à Paris ; il ſe plaignit amérement, & dit qu'il n'avoit pas formellement offert ſa démiſſion ; mais qu'il avoit demandé un congé. On l'anima beaucoup contre moi ; il étoit véritablement mon ennemi ; mais moi, je n'étois pas le ſien. Les mêmes journaux qui me font aujourd'hui ſon complice, me firent alors un crime de ſa retraite. On prétendit qu'il mouroit de faim, & qu'il étoit obligé, pour exiſter, de ſe faire entrepreneur des diligences à Veſoul. Cependant ſur ma propoſition, le directoire lui avoit conſervé le traitement de général de diviſion.

Lorſque Pichegru arriva au corps légiſlatif, je voulus le prévenir ; je lui fis une viſite ; j'en ai fait autant pour Jourdan. J'étois accompagné de deux officiers généraux ; nous nous entretînmes pluſieurs heures ſur la ſituation des affaires politiques, & ſur la néceſſité de rétablir l'harmonie entre les premières autorités conſtituées. Pichegru parla avec plus de fineſſe & d'eſprit que je ne lui en avois cru juſqu'alors ; car je ne le connoiſſois guères que ſous le rapport de ſes talens militaires, qui ne ſuppoſent pas toujours le genre d'eſprit que ſeconde une éducation ſoignée : & dans le peu d'occaſions que j'avois eu de le voir, il m'avoit paru très-concentré, très-taciturne, très-peu communicatif.

En ſortant, l'un des deux officiers généraux me dit : « Je ne ſuis point content de Pichegru ; je ne le crois pas franc. » — « C'eſt parce que le ſoupçon m'en eſt venu, lui dis-je, que Pichegru n'eſt plus commandant en chef de l'armée du Rhin. »

Cependant je voulois tarir la ſource des haînes, prévenir le renouvellement des factions qui avoient ſi longtems, ſi cruellement déchiré le ſein de la république. Je priai un jour à dîner les officiers généraux députés au corps légiſlatif, particulièrement Pichegru & Jourdan, que j'aurois vouſu réconcilier. Jourdan vint ; Pichegru ne vint point, quoiqu'il eût promis. Je l'ai encore invité depuis ; je voulois enfin connoître ſa façon de penſer ; mais comme il a toujours allégué différens prétextes pour ne pas venir ; j'ai enfin ceſſé de le prier.

Un ſoir cependant il parut chez moi; il étoit avec huit ou dix autres repréſentans du peuple ; mais ils n'entrèrent que par occaſion, & ils ne reſtèrent pas plus de deux ou trois minutes dans mon jardin où je les reçus. Pichegru ne m'adreſſa point la parole ; je ne la lui adreſſai pas non plus.

Voilà les deux ſeules fois que j'aie vu Pichegru depuis ſon entrée au corps légiſlatif ; voilà ce que Bailleul appelle voir tous les jours dans le ſecret & l'intimité. Mais ſi c'eſt dans le ſecret & l'intimité, comment Bailleul a-t-il eu connoiſſance du fait ; comment a-t-il pu s'en aſſurer ? eſt-ce par les pièces *officielles dépoſées chez les miniſtres* ? qu'il cite les lieux où je voyois Pichegru, les heures de réunion, les perſonnes qui m'ont vu avec lui. Les nombreuſes ſentinelles du Luxembourg l'ont-elles jamais reconnu ; les portiers, les domestiques, les espions du petit Réveillère, qui demeuroit sur le même escalier que moi, l'ont-ils jamais apperçu ?

Si ce n'est pas chez moi que je l'ai vu, ce n'est point ailleurs non plus. Je ne suis pas sorti douze fois pendant toute la durée de mes fonctions directoriales, sans être avec une partie de ma famille ; à moins qu'on ne suppose aussi ma femme, mes sœurs, les enfans, les domestiques, tous complices de mon intimité avec Pichegru.

Le fait que je détruis ici est de tous le plus important. Certes, en supposant même que Pichegru fût coupable, j'aurois pu être trompé sur son compte, & le voir sans défiance ; mais qui me laveroit aujourd'hui de la prévention qui en résulteroit contre moi ? quel abîme de noirceur dans cette accusation ! quels monstres que ces triumvirs ! quel être dégradé que J. Ch. Bailleul !

Quelques jours avant la cataſtrophe du 18 fructidor, la citoyenne Eblé, ſœur du célèbre officier-général d'artillerie de ce com, vint chez moi. » Eſt-il donc décidé, citoyen Carnot, me dit-elle, que Pichegru abandonne les patriotes ? » — Je n'en ſais rien, lui dis-je, mais ſa conduite n'eſt rien moins que raſſurante. — « Je veux, me dit-elle, aller le voir ; je veux enfin lire dans ſon ame & connoître ſa penſée. » J'approuvai ſa démarche. Elle revint deux ou trois jours après, & me dit : « Non, Pichegru ne nous abandonne pas ; il demande ce qu'il doit faire pour prouver qu'il n'abandonne pas les patriotes. » -- Il faut, lui répondis-je, que Pichegru monte à la tribune du conſeil des cinq-cents, qu'il s'y prononce de manière à ne laiſſer aucun doute ſur ſes ſentimens,

& à porter l'effroi parmi les artiſans de la contre-révolution. Il faut que ſes actions répondent à ſes paroles, & qu'au lieu d'alimenter des eſpérances criminelles, par ſa conduite ambiguë, il rallie enfin autour du drapeau national, tous les défenſeurs de la liberté. Ce rôle, ajoutai-je, eſt le ſeul qui convienne à la réputation de Pichegru, & il n'a pas de temps à perdre. »

La citoyenne Eblé me dit qu'elle s'empreſſeroit de lui porter cette exhortation. Mais, c'étoit, je crois, le 16 fructidor, & je ne l'ai pas revue depuis. On peut la conſulter ſur ce fait, & je ne crains pas qu'elle refuſe de rendre un témoignage authentique à la vérité.

Eſpérons qu'un jour le corps légiſlatif de la grande nation ſera aſſez *déſopprimé*, pour oſer demander modeſtement à nos demi-dieux, quels indices ils pouvoient avoir, que la victime, qui échappa à leur couteau dans la nuit du 17 au 18 fructidor, voyoit tous les jours Pichegru.

Du reste, je suis loin de vouloir décider si Pichegru étoit coupable; il le fut sans doute, si la centième partie de ce qui est dit de lui, dans le rapport de la commission, est vraie. Mais, quand je démontre que sur tous les faits qui me sont intimement connus, elle a outragé la vérité avec le dernier dégré de l'impudeur & de la perfidie, il est permis de supposer qu'elle ne l'a pas respectée davantage, en ce qui concerne les autres. Et que penser lorsqu'on la voit pousser l'injustice jusqu'à réduire au néant, les services que Pichegru a rendus comme général en chef de l'armée du Nord, de peur qu'on ne soit tenté peut-être de mettre dans la balance ces mêmes services avec les délits dont on l'accuse ? Si Pichegru n'est pas coupable, on pourra mettre sur son tombeau, l'inscription de celui de Scipion, qui est dans la campagne des environs de Naples.

Ingrata patria, neque ossa mea habebis.

Protecteur déclaré des rois, il s'écrie, lorsque des directeurs républicains faisoient des propositions honorables pour la France : VOUS VOULEZ DONC OPPRIMER L'EMPEREUR ?

J'ai protégé les rois en votant la mort du roi de France, en faisant trembler tous les autres sur leurs trônes. Et vous, Bailleul, dans cette fameuse lutte, comment vous êtes vous signalé, tant que l'issue en a été douteuse ? Demandez à ces rois lequel ils aiment le mieux, d'un protecteur comme moi, ou d'un valet comme vous.

Des directeurs républicains ; je n'en connois point parmi les triumvirs ; je n'y connois que des assassins de la république & de la constitution.

Des propositions honorables ; quelles sont ces propositions honorables ? Quelque chose d'*honorable* peut-il être proposé par des gens dénués de tout principe d'honneur & de justice ? La vérité ne devient-elle pas mensonge en passant par leurs bouches impures ? L'honneur même, s'il pouvoit en approcher, ne seroit-il pas flétri par leur souffle empesté, n'expireroit-il pas sur leurs lèvres gangrenées ?

Si c'est moi qui ai empêché l'admission de leurs *propositions honorables* ils ont dû renouveller ces propositions quand je n'étois plus au directoire, ils ont dû faire comprendre leurs nouvelles conditions dans le traité de Campo-Formio. Où ſont ces conditions ? En quoi l'empereur eſt-il plus opprimé par ce traité que par celui de Léoben ? le traité de Campo-Formio ne vaut pas même celui de Léoben, comme je le ferai voir plus bas. Il ne tenoit qu'à eux de conclure la paix cinq mois plutôt, aux conditions qui ont été adoptées ; & c'eſt parce que je voulois qu'on la conclût en effet ſur-le-champ, c'eſt parce que je ne voulois pas qu'on reprît les hoſtilités, qu'on remît la république en problême, comme je l'écrivois à Bonaparte, qu'ils ont dit que je craignois qu'on opprimât l'empereur. Parleront-ils de la reddition de Mayence ? mais c'eſt moi-même qui ai propoſé de ne point évacuer Palma-Nova, que l'empereur ne ſe fût retiré de Mayence & de toute la rive droite du Rhin ; c'eſt moi qui ait écrit à ce ſujet pluſieurs lettres à Bonaparte ; nos *directeurs républicains* n'y penſoient pas du tout.

VOUS VOULEZ DONC OPPRIMER L'EMPEREUR. Ce n'eſt pas cela, Bailleul ; mais j'ai dit à ces don Quichotes : « Vous ne voulez donc point de paix avec l'empereur ? Si vos conditions ſont tellement *oppreſſives* pour lui, qu'il lui ſoit impoſſible de les accepter ſans courir évidemment à ſa perte, il vaut mieux déclarer franchement que vous voulez reprendre les hoſtilités, que vous voulez une guerre d'extermination. « A ce mot, Réveillère bondit ſur ſon fauteuil, & dit qu'il ne ſait pas s'il doit tenir plus longtems ſéance. J'obſervai à Réveillère que je ne faiſois que rappeler ce que Bonaparte avoit écrit pluſieurs fois ; qu'une paix ne pouvoit être ſolide, qu'autant que les clauſes en étoient au moins tolérables pour le parti vaincu ; qu'autrement ce ſeroit laiſſer ſubſiſter un levain d'irritation qui, tôt ou tard, produiroit une exploſion fatale. Ce développement parut un peu calmer la vipère, qui ſe remit en rond ſur ſon fauteuil.

Il

Il faut ici dévoiler l'atroce perfidie de ces trois brigands. Bonaparte leur fut toujours odieux, & ils ne perdirent jamais de vue le projet de le faire périr. Je n'en excepte point Barras ; ses grincemens de dent, lorsque le général envoya Sahuguet à Marseille, ses sorties contre les préliminaires de Léoben, ses grossiers & calomnieux sarcasmes contre une personne qui doit être chère à Bonaparte, décèlent la noirceur de son arrière-pensée. Cet homme, sous l'écorce d'une feinte étourderie, cache la férocité d'un Caligula. Il n'est point vrai que ce soit lui qui ait proposé Bonaparte pour le commandement de l'armée d'Italie ; c'est moi-même : mais sur cela, on a laissé filer le temps pour savoir comment il réussiroit ; & ce n'est que parmi les intimes de Barras, qu'il se vanta d'avoir été l'auteur de la proposition faite au directoire. Si Bonaparte eût échoué, c'est moi qui étois le coupable ; j'avois proposé un jeune homme sans expérience, un intriguant ; j'avois évidemment trahi la patrie. Les autres ne se mêloient point de la guerre ; c'étoit sur moi que devoit tomber toute la responsabilité. Bonaparte est triomphant ; alors c'est Barras qui l'a fait nommer, c'est à lui seul qu'on en a l'obligation ; il est son protecteur, son défenseur contre mes attaques ; moi, je suis jaloux de Bonaparte, je le traverse dans tous ses desseins, je le persécute, je le dénigre, je lui refuse tout secours, je veux évidemment le perdre. Telles sont les ordures dont on remplit, dans le temps, les journaux vendus à Barras.

Quelqu'un vouloit perdre en effet Bonaparte ; c'étoit le fameux trio, toujours tremblant pour son autorité. L'ascendant que prenoit le général, par ses victoires multipliées, commençoit à l'importuner. En perdant Bonaparte, le contre-coup portoit ſur moi ; le trio faiſoit tomber ſes deux ennemis à-la-fois. Il étoit clair, en effet, que c'étoit moi qui, rival ſecret du héros d'Italie, avois préparé ſa défaite ; mon procès eût été bientôt terminé, & du reſte, on auroit fait à Bonaparte des obſèques tout auſſi magnifiques que celles qu'on a faites à Hoche.

Mais, dira-t-on, prouvez à votre tour. Cela me ſeroit facile, ſi, comme Bailleul, j'avois à ma diſpoſition les *pièces officieles depoſées chez les miniſtres*. Mais cela ne me ſera pas impoſſible, quoique retiré dans un village d'Allemagne.

Bonaparte, & il s'en ſouviendra bien, nous avoit fait ſentir qu'il étoit à propos de diminuer, par des traités de paix, le nombre de ſes ennemis. Il déſiroit qu'on traitât avec le roi de Sardaigne, & plus encore enſuite avec le roi de Naples. Rewbell étoit chargé de la partie diplomatique, comme je l'étois de la partie de la guerre : que fait-il pour répondre à l'empressement de Bonaparte ? rien. Que dis-je ? rien ; il élève mille difficultés pitoyables sur le traité du Piémont, & refuse tout net de traiter avec Naples. Ce fut moi qui, impatienté de ces lenteurs affectées dont j'entrevoyois le but, fis seul, sauf quelques observations de Charles Delacroix, le traité de la Sardaigne qui, je crois, n'est pas le plus mauvais. Ce fut moi ensuite qui provoquai celui de Naples, & qui, ne pouvant amener sur cet objet une délibération sérieuse au directoire, demandai une réunion de quelques membres pour préparer le travail. Cette réunion eut lieu le soir même, entre le Tourneur, moi & Réveillère, chez ce dernier. Si Barras eût été attaché à Bonaparte, lui qui savoit parfaitement le désir qu'avoit le général que l'on traitât promptement, il auroit voulu être de la réunion, pour accélérer le travail. Point du tout, il ne paroît pas. Rewbell reste chez lui, à méditer quelles chicanes il pourra faire le lendemain. Cependant le traité est fait en une seule nuit, & le lendemain, malgré l'apathie de Barras, son air de dédain que la vergogne l'empêchoit de manifester par un refus formel ; malgré l'opposition de Rewbell, ses grands mots de *conditions honorables*, & enfin sa déclaration positive qu'il ne vouloit point souscrire au traité ; ce traité fut comme emporté de haute lutte & conclu sur-le-champ. Je crois que c'étoit le plus grand service qu'il me fût possible de rendre à la patrie, dans les circonstances où nous étions. Mais cette espèce d'incursion, sur le domaine diplomatique de Rewbell, que l'état des affaires avoit rendue indispensable, n'étoit pas de nature à être jamais oubliée, par ce personnage diffimulé & vindicatif. Quoique la maffe des ennemis oppofés à Bonaparte fût ainfi confidérablement diminuée, qu'il eût alors fes flancs & fes derrières libres, il n'avoit pas encore des forces fuffifantes pour fe promettre des fuccès décififs contre l'empereur. Il demandoit quinze mille hommes; je formai le projet de lui en envoyer trente. Auffi-tôt les ordres font donnés à l'armée de Rhin & Mofelle & à celle de Sambre & Meufe, de faire partir fans délai, & le plus fecrètement poffible, quinze mille hommes chacune pour l'armée d'Italie, en les faifant filer le long de la Suiffe, fous différens prétextes. Ce fut en 93 un femblable mouvement de quarante mille hommes de l'armée de la Mofelle, vers la Meufe, fous les ordres de Jourdan, au moment où l'on s'attendoit à la voir marcher vers le Rhin, qui décida le fuccès de cette fameufe campagne.

Les trente mille hommes destinés pour l'armée d'Italie, devoient être tirés de l'armée de Rhin & Moselle d'abord; puis la moitié être remplacée par les quinze mille hommes de l'armée de Sambre & Meuse. Jamais ordre ne fut exécuté plus ponctuellement, plus fidélement, plus loyalement. Moreau, qui prévoyoit la possibilité d'un pareil mouvement, tenoit depuis long-tems un corps en réserve pour cet objet; & quoique son armée fût la plus malheureuse, parce qu'elle ne pouvoit, comme les autres, vivre aux dépens de l'ennemi, & que la pénurie des finances empêchoit de subvenir à ses besoins, il avoit cependant encore fait des sacrifices pour que ce corps de réserve fût passablement équipé & prêt à partir au premier signal. Le signal est donné, les troupes sont en marche, elles sont sur les frontières du Mont-Blanc, avant que l'ennemi puisse se douter qu'elles sont destinées pour l'armée d'Italie.

O Moreau ! ô mon cher Fabius ! que tu fus grand dans cette circonſtance ! que tu fûs ſupérieur à ces petites rivalités de généraux qui ſont quelquefois échouer les meilleurs projets ! que les uns t'accuſent pour n'avoir pas dénoncé Pichegru, que les autres t'accuſent pour l'avoir fait, j'ignore. Mais mon cœur me dit que Moreau ne ſauroit être coupable ; mon cœur te proclame un héros. La poſtérité, plus juſte que tes contemporains, t'élèvera des autels.

Il n'y avoit pas juſqu'à l'exiſtence politique du pape qui ne lui fût chère.

Probablement, puiſque Bailleul ne dit rien qui ne ſoit *appuyé ſur des pièces officielles dépoſées chez les miniſtres*, il ſe ſera trouvé parmi ces pièces une correſpondance entre Pie VI & moi, qui aura été interceptée. Mais pourquoi Bailleul n'amuſe-t-il pas le public par quelques extraits de cette correſpondance ? Le pape m'aura envoyé des *agnus* , des *indulgences plégnières* pour me mettre dans ſes intérêts ; ils auront été ſaiſis quand on a mis le ſcellé ſur mes papiers.

Le petit Réveillère avoit en effet tellement peur du pape , qu'il le voyoit ſans ceſſe à ſa pourſuite , étendant les doigts pour lui donner ſa bénédiction. Le vicaire de Jéſus étoit un rival dangereux pour lui , qui vouloit auſſi être chef de ſecte. Une nuit , Réveillère forma le projet de devenir un grand homme. Il ne faut point réſiſter aux inſpirations d'en haut ; mais comment parvenir à un but ſi louable ? Réveillère imagina de ſe jetter parmi les théophilantropes. On pouvoit regarder cette route pour arriver au Temple de mémoire, comme nouvelle , quoique déja un peu frayée ; mais on ſait que quoique Newton n'ait pas conçu la première idée de la gravitation univerſelle, il n'en eſt pas moins regardé avec raiſon comme le véritable auteur du ſyſtême de l'attraction, parce que c'eſt lui qui en a trouvé les loix & fixé les rapports.

Réveillère donc, qui ne croit point en Dieu, & qui paſſe ſa vie à tourmenter les hommes, s'enrôla parmi ceux qui ſe diſoient les adorateurs de l'Être ſuprême & les bienfaiteurs de l'humanité; & rêvant déja qu'il eſt le fondateur d'une nouvelle religion, un autre Mahomet, il ſe met à faire auſſi ſon Alcoran. Cet ouvrage, pour lequel il mit ſon génie à la torture pendant pluſieurs mois, parce qu'il n'avoit pas, comme ſon précurſeur, un pigeon qui vint lui béqueter l'oreille, donne préciſément la meſure de ſa capacité. Il lut ſon chef-d'œuvre à l'inſtitut national, qui s'abſtint de rire, à cause de la dignité du personnage; & chacun se pinça pour s'empêcher de dormir. Mais on ne s'extasia point comme on auroit dû le faire, sur cet écrit trop profond, pour être bien à la portée des membres de l'institut; on ne lui en fit point de complimens, & les journaux oublièrent d'en parler. Réveillère fut piqué au vif; & c'est particulièrement depuis cette époque, qu'il devint pointilleux, acariâtre, entrepreneur de nouvelles révolutions; & que ne pouvant être Mahomet, il voulut être Séide.

Le culte catholique devint sur-tout l'objet de sa colère téophilantropique; & tous ceux qui sourioient au nom de téophilantrophe, tous ceux qui pensoient des téophilantropes ce que Cicéron pensoit des aruspices, étoient regardés par Réveillère comme des papimanes. J'avois le malheur de ne point admirer les dogmes de la nouvelle ſecte, & cependant je ne m'en m'ocquois pas non plus. La tolérance univerſelle eſt le ſeul dogme dont je faſſe profeſſion. Je penſe qu'il y a à peu près compenſation, entre le bien que fait la religion ſincère, & le mal que fait l'abus de la religion. J'abhorre le fanatiſme, & je crois que le fanatiſme de l'irréligion, mis à la mode par les Marat & les peres Duchêne, eſt le plus funeſte de tous. Je penſe, en un mot, qu'il ne faut pas tuer les hommes, pour les forcer de croire; qu'il ne faut pas les tuer pour les empêcher de croire; mais qu'il faut compatir aux foibleſſes des autres, puiſque chacun de nous a les ſiennes; & laiſſer les préjugés s'uſer par le tems, quand on ne peut pas les guérir par la raiſon.

Je penſe à peu près de même ſur la liberté de la preſſe: je trouve que l'abus de cette liberté eſt un grand mal, mais que c'eſt un plus grand mal encore de vouloir en fixer les limites. Je crois que la licence de la preſſe trouve en elle-même à la longue le remède aux maux qu'elle produit ; qu'il n'y a ni liberté civile, ni liberté politique, là où il n'y a pas liberté de la preſſe ; qu'il faut néceſſairement, ou ſe ſoumettre à un gouvernement arbitraire, ou ſe réſoudre à ſupporter les faiſeurs de gazettes. Perſonne cependant plus que moi, n'a été la victime de leurs calomnies.

Tel eſt enfin mon ſyſtême ſur ces deux points importans : ſyſtême faux peut-être, mais qu'on peut, je crois, ſoutenir ſans crime. Je l'ai ſouvent expoſé au directoire, mais c'étoit pour lui un langage inintelligible ; autant vaudroit propoſer au grand turc d'ouvrir ſon ſérail à toute la jeuneſſe de Conſtantinople. Nos directeurs républicains veulent que la France ſoit un pays d'inquiſition politique, un vaſte tombeau des vivans, ſemblable aux priſons de Gênes, ſur la porte deſquelles étoit écrit par dériſion, le mot *libertas*. Mais revenons au pape.

Réveillère qui croit que toutce qui n'eſt pas théophilantrope eſt néceſſairement catholique & digne d'être crucifié, voyoit en moi un grand ami de la cour de Rome. J'avois beaucoup loué Bonaparte d'avoir dédaigné la vaine gloire de marcher ſur cette ville, pour combattre un ennemi plus dangereux, dont la défaite entraînoit la chûte de Rome & de toute l'Italie. Le théophilantrope vouloit au contraire qu'on fût d'abord au capitole, chanter un hymne ſur la cendre des Gracques; & l'enlèvement de la bonne vierge de bois vermoulu qui étoit à Lorette, lui paroiſſoit une victoire bien plus importante, que l'enlèvement des drapeaux du bataillon de Vienne.

J'aurois renié cent fois par jour Jesus & le pape, que je n'aurois jamais pu ôter du cerveau de Réveillère, que j'étois catholique, apostolique, & surtout romain. Les grands hommes ont quelquefois des maladies morales dont il est bien difficile de les guérir. Pascal se croyoit toujours plongé dans une rivière jusqu'au nombril; Réveillère se croit toujours dans une cruche d'eau bénite. Excusons cette foiblesse en considération des mémorables services qu'il a rendus à son pays. C'est un de nos sauveurs, & chacun en voyant cet agneau sans tache, doit s'écrier avec le prédicateur italien : *Ecco il vero polichinello*.

Il prétendoit changer en autant de royaumes toutes les conquêtes, & la création sur-tout d'un royaume de Lombardie flattoit singulièrement son imagination ; Barthélemy témoignoit par de graves inflexions de tête, combien cette doctrine lui convenoit.

Ma mémoire me sert si mal en cette occasion, que j'aurois désiré que Bailleul m'eût convaincu de ce fait par la citation de quelques passages des *pièces officielles déposées chez les ministres*, sur lesquelles comme l'on sait, sont appuyés tous les faits qu'avance Bailleul. Il paroît que sur ce point, je n'ai pas reservé mes projets *in petto*, mais que j'ai fait au directoire des propositions formelles ; que j'ai développé *ma doctrine*, puisque Barthélemy applaudissoit *à cette doctrine par des graves infléxions de tête.* Ne pourroit-on pas trouver quelques traces de cela dans les regiſtres du directoire, dans les procès-verbaux de ſéances, où l'on met ce qui ſe dit de plus important? Chaque membre a le droit, d'après la conſtitution, de conſigner ſon opinion dans le regiſtre, & cela s'eſt fait aſſez ſouvent. Le directoire qui, ſuivant l'expreſſion du faiſeur de Barras, dans ſon diſcours à Bonaparte, *méditoit depuis long-temps dans ſa ſageſſe* l'immortelle journée de fructidor, avoit très-belle occaſion de me convaincre de royaliſme, & de me préparer un acte d'accuſation, ſans réplique, pour le grand jour; c'étoit de faire inſcrire au procès-verbal, la réponſe foudroyante qui dut m'être faite par chacun de ſes membres, lorſque j'eus l'indignité de propoſer la converſion de toutes nos conquêtes en autant de royaumes. Qu'en dites-vous, Bailleul? convenez que c'eſt un oubli impardonnable; c'eſt vraiment une école ; les plus habiles en ſont, comme vous voyez. Je vous ai pourtant déjà obſervé, Bailleul, que vous aviez pris ſix grands mois pour donner de la vraiſemblance à vos menſonges. Mais à défaut de ces précieux renſeignemens, qui euſſent jetté un ſi grand jour ſur les reſſorts ſecrets de la conjuration, je cherche dans ma tête ce qui peut avoir donné lieu au trio de fabriquer cette impertinence, & je crois avoir trouvé le fin mot ; le voici :

Je voulois qu'on donnât au duc de Parme quelques portions de terres papales (malgré mon attachement pour ſa ſainteté) & du Modénois, en échange de la Louiſiane & de la Floride, que le roi d'Eſpagne nous auroit cédées, dans le deſſein de procurer à l'Infant un établiſſement plus conſidérable. Je trouvois à cela deux avantages, 1°. celui, non pas de créer un nouveau royaume en Europe, mais au contraire de républicaniſer une vaſte & belle contrée de l'Amérique, qui nous eût donné une ſi grande influence ſur les Etats-Unis, & que les mal-adroits ou les traîtres, qui ont fait le traité de l'Eſpagne, ne ſe ſont point fait concéder, lorſque la choſe étoit ſi facile; 2°. d'oppoſer à l'empereur, en Italie, une plus forte barrière que la république ciſalpine ſeule; car le roi d'Eſpagne, fortement intéreſſé alors aux affaires de ce pays, auroit été un grand contre-poids à la maiſon d'Autriche. Ajoutez que c'étoit un moyen de plus d'aſſurer la paix & l'alliance de la république françaiſe avec l'Eſpagne; car l'Eſpagne auroit ſenti le beſoin qu'elle avoit de nous pour ſe ſoutenir en Italie contre l'empereur, &, ſi elle avoit voulu nous faire la guerre, elle ſe ſeroit expoſée à ſe voir attaquer par nous dans les deux endroits à-la-fois. C'étoit donc la meilleure garantie qu'on pût ſe procurer d'une alliance durable avec l'Efpagne. Mais le trio, qui a la vue perçante, a démêlé tout de fuite qu'il s'agiffoit de la réfurrection du royaume des Lombards, & la crainte de ce royaume imaginaire, l'a empêché d'agrandir la république d'un territoire immenfe, inutile à l'Efpagne, nuifible même pour elle, & de tendre les bras à ces anciens français, qui foupirent depuis fi long-temps après leur réunion à leur première métropole. Honneur à nos *directeurs républicains.*

Quant à cette multitude de petits royaumes, dont je voulois entourer comme d'autant de planètes le foleil de la république, quoique cela foit vraiment fait pour *flatter l'imagination*, j'avoue que je n'en ai aucun fouvenir quelconque; mais je promets à Bailleul de lui répondre fur ce point, auffi-tôt qu'il aura produit les *pièces officielles*, qui font dépofées chez les miniftres.

Les graves inflexions de tête de Barthelemy font sans-doute aussi parmi les *pièces officielles déposées chez les ministres* : Bailleul nous dira un jour quelle figure elles y font. Le pauvre Barthelemy seroit bien étonné, si sur le grabat où il repose ses infirmités parmi les sauvages, on alloit lui dire qu'il est là pour ses *graves inflexions de tête*, lorsque je proposois de faire des royaumes. « Hélas, diroit-il, je croyois n'avoir jamais ouï parler de royaumes à mon collègue Carnot, que pour les détruire ; mais laissez-moi, je vous prie, mourir en paix, parmi ces bonnes gens beaucoup moins sauvages que vous : éloignez-vous de ces cabanes où la corruption n'a pas encore pénétré. » Est-il possible, qu'un gouvernement pour justifier ses actes de barbarie, en soit réduit à recourir à de si lâches moyens, à de si plats mensonges ?

Je viens d'épuiser l'article du texte qui me concerne dans le rapport de Bailleul. Je paſſe maintenant à la note (pages 52 & 53) ; c'eſt ici apparemment que ſont les bottes ſecrètes.

Ce n'eſt pas ſeulement en ſoutenant l'Autriche, & en diſant qu'on vouloit l'opprimer, que Carnot décéloit le ſyſtême qu'il ſuivoit ſecrètement pour perdre la république.

Lorſqu'on traitoit les affaires de la Hollande ; lorſqu'on diſcutoit le projet de traité, dans lequel on vouloit tenir loyalement la promeſſe faite à cette république naiſſante, de ne pas ſéparer nos intérêts des ſiens ; lorſqu'on calculoit les moyens d'arracher ce pays aux déchiremens dont les ſtathoudériens & les anarchiſtes le menaçoient également ; lorsqu'on cherchoit les mesures à prendre pour y constituer un gouvernement, & assurer la liberté, Carnot soutenoit qu'il falloit sacrifier la Hollande, que son sort devoit nous être indifférent ; que nous ne devions pas nous inquiéter si l'Angleterre gardoit quelque chose de ses propriétés. Qu'ils se battent entr'eux, au surplus, tant qu'ils voudront, disoit-il, il n'y a pas grand mal à cela pour nous.

Qui vous a dit tant de belles choses, Bailleul ? Ce ne sont pas les *pièces officielles déposées chez les ministres* ; car on ne dépose pas chez les ministres, des paroles, & des paroles émises dans le sein du directoire. Ce sont donc encore nos augustes directeurs, dont la véracité est démontrée. Il est certainement curieux d'entendre un Rewbell parler de loyauté ; il eſt curieux d'entendre le trio développer ſes principes de morale, & accuſer d'en manquer celui qui ne s'eſt perdu que par ſon attachement aux principes & aux loix ; que parce qu'il n'a voulu oppoſer que les principes & les loix, à des hommes qui ſe préſentoient au combat avec toutes les armes du crime & du machiavéliſme. Mais vous-même, Bailleul, vous, leur fidèle interprête, ne faites-vous pas (page 47) leur profeſſion de foi & la vôtre, lorſque vous dites au corps légiſlatif : *Banniſſons, je le répète, ces abſurdes théories de prétendus principes, ces innovations ſtupides de la conſtitution.* Tout votre ſyſtême, tout celui de vos héros eſt dans ce peu de paroles. Les principes ne ſont que pour les ſots ; la conſtitution n'eſt que pour les ſots ; la bonne foi, la fidélité aux engagemens ne ſont que pour les ſots ; il n'y a de bon droit que pour le plus fort ; toutes les autres théories

théories de prétendus principes ſont abſurdes ; celui qui les invoque eſt un ſtupide. Le 18 fructidor n'a-t-il pas mis tout cela en évidence ? & d'ailleurs *on ne cherche point à prouver la lumière.* Les annales de l'antiquité dépoſent toutes en faveur du ſyſtême de Bailleul. Le ſtupide Ariſtide eſt chaſſé de ſon pays ; le ſtupide Miltiade meurt en priſon ; le ſtupide Socrate boit la ciguë ; le ſtupide Caton eſt réduit à ſe donner la mort ; le ſtupide Cicéron eſt aſſaſſiné par l'ordre des triumvirs : le ſtupide Phocion qui, lorſqu'un athénien le voyant aller au ſupplice, s'écrie : « ô reſpectable vieillard, qui eût jamais penſé que tu duſſes mourir ainſi » ? répond ; n'eſt-ce pas ainſi que ſont morts tous ceux qui ont rendu des ſervices à la patrie ? »

Vous avez ſemé, Bailleul, dans vôtre écrit des maximes admirables & bien ſupérieures aux lourds préceptes de la philoſophie. Mais parlons de la Hollande.

Jamais il ne fut queſtion au directoire exécutif, de ſavoir comment on *arracheroit ce pays aux déchiremens dont les ſthatoudériens & les anarchiſtes le menaçoient également ;* jamais on y a parlé de *meſures à prendre pour y conſtituer un gouvernement & aſſurer la liberté.* Je défie qu'on trouve un mot de cela dans les regiſtres, ſauf quelques lettres que j'ai écrites ſur la police interieure aux généraux qui commandoient dans le pays. Nos *directeurs républicains* s'occupoient de choſes bien plus importantes, de *propoſitions bien plus honorables pour la France* : il s'agiſſoit de ſavoir comment on parviendroit à dépouiller la Hollande; & par quel leurre on l'engageroit à nous ſeconder elle-même dans ce généreux projet.

A la diſcuſſion qui eut lieu pour ſavoir ſuivant quel mode elle ſeroit comprise dans le traité qu'on négocioit à Lille avec Malmeſbury. Rewbell fit une violente ſortie contre la nation batave. Elle étoit, diſoit-il, toute ſtathoudérienne ; elle nous avoit conſtamment trahis ; c'étoit un peuple de marchands, qui avoit tous ſes intérêts en Angleterre ; qui ne faiſoit des vœux que pour les anglais, qui ne cherchoit que l'occaſion de ſe livrer aux anglais, & l'amiral Thomas venoit encore tout nouvellement de leur vendre ſa flotte au Cap de Bonne Eſpérance. Tout ce que la Hollande devoit acquérir en proſpérité, en richeſſes, il étoit évident que ce ne pouvoit être qu'au détriment de la France & au profit de l'Angleterre. Il n'y avoit enfin, qu'une ſeule politique à ſuivre à l'égard de la Hollande ; c'étoit de la tenir dans la dépendance la plus abſolue, de la ſoumettre à une obéiſſance paſſive, de la traiter en pays conquis.

« Si cela eſt ainſi, lui dis-je, nous ſommes bien dupes de continuer la guerre pour lui faire rendre ſes colonies : & lorſqu'on nous offre la reſtitution des nôtres, d'épuiſer les reſtes de notre marine en vains efforts pour une nation ſi ingrate. Je ſuis d'avis qu'on demande à la Hollande, quels ſont les ſacrifices qu'elle veut faire pour avoir la paix. »

« Mais croyez-vous, répliqua Rewbell, que c'eſt pour la Hollande que je veux faire reſtituer le Cap & Trinquemale ? il eſt queſtion d'abord de les reprendre ; il faut pour cela que les hollandais fourniſſent l'argent & les vaiſſeaux; enſuite je leur ferai bien voir que ces colonies nous appartiennent. »

J'étois un peu étourdi de la ſavante politique de Rewbell, & je vis bien qu'il avoit creuſé ſon ſujet. Cependant je vouloís qu'on s'expliquât nettement ſur ce qu'on prétendoit faire à Lille ; qu'on déclarât ſi c'étoit pour en impoſer au public, ou ſi c'étoit de bonne foi qu'on vouloit la pacification. Il falloit conclure la délibération. Les plénipotentiaires preſſoient pour avoir des inſtructions poſitives. On finit, & c'eſt Rewbell lui-même qui porta la parole, on finit par ordonner au miniſtre des relations extérieures d'écrire ; que le directoire avoit rempli envers les bataves les devoirs d'un allié fidèle, en déclarant qu'il ne céderoit rien de leurs poſſeſſions ; mais que c'étoit à eux mêmes de voir maintenant, à quels ſacrifices ils vouloient ſe réſoudre pour avoir la paix ; que ſi leur intention étoit de tout garder, ils fiſſent connoître les moyens qu'ils pouvoient fournir pour continuer la guerre ; que ſi ces moyens réunis à ceux de la France, étoient trop diſproportionnés à ceux qui leur étoient opposés par les anglais, la France se verroit obligée de faire sa paix séparée.

Vous voyez, Bailleul, qu'on adopta mes conclusions : si ce fût par respect humain, & parce que l'on ne pouvoit faire autrement sans montrer qu'on vouloit perpétuer la guerre, je n'en sais rien. Mais tel fut le résultat de la délibération. La pièce officielle existe chez le ministre des relations extérieures : elle prouve que sur ce point, comme sur tous les autres, vous en avez imposé au corps législatif & à la nation entière.

Aujourd'hui que le directoire n'ayant plus d'opposition à craindre a levé le masque qu'il a déclaré ne vouloir poser les armes que lorsque l'Angleterre seroit exterminée ; il ne lui reste plus qu'à colorer sa fureur des massacres, par tout ce qui peut séduire un peuple confiant, & exciter son enthousiasme. Et il est tout simple, d'un autre côté, qu'il persuade aux hollandais, que c'est pour eux uniquement, & par fidélité à ses engagemens, qu'il fait ce grand sacrifice de la paix & de la prospérité nationale.

Convenez donc Bailleul, que si la loyauté en elle-même n'est faite que pour les *stupides*, le mot du moins est utile aux gens d'esprit. Mais vous n'avez pas pris garde peut-être, qu'en tenant ces discours, vous faites contracter au directoire l'engagement de ne jamais traiter avec les anglais, aussi long-tems que ceux-ci s'obstineront à garder quelque parcelle de leurs conquêtes sur la Hollande : c'est-à-dire, que vous annoncez à la France, qu'il n'y a plus de paix à espérer pour elle ; que l'honneur national veut que la république n'ait plus de commerce, que la Martinique soit définitivement perdue, les Indes Orientales concédées sans retour à la Grande-Bretagne ; & que nos alliés soient complettement sacrifiés *par le fait* ; pourvu que, *dans le droit*, ils n'aient pas perdu, ni nous non plus, la moindre portion de territoire. On voit bien qu'il y a des avocats au directoire exécutif : & voilà ce qu'on appelle des *propositions honorables*, dignes de nos *directeurs républicains*.

Lorsque les troupes de la république défendoient Kelh avec tant de courage, Carnot soutenoit que ce fort ne pouvant pas être conservé, c'étoit folie de le défendre. Cependant sans la longue défense qui s'en fit, l'armée qui étoit retenue devant ce poste, eût été au secours des troupes impériales en Italie.

. Ici j'en appelle aux *pieces officielles* : on verra s'il est possible de mentir avec plus d'effronterie. Qu'on lise toutes les lettres que j'ai écrites à ce sujet ; qu'on voie si je ne prescris pas mille & mille fois de défendre Kehl, jusqu'à la dernière extrémité. On perdoit, à la vérité, beaucoup de monde, & quoique nos *directeurs républicains* ne vissent dans la défense de Kehl que le pont de Kehl, ils auroient sacrifié l'armée toute entière pour le conserver, sans savoir à quoi il pouvoit servir. C'est ce que je leur ai expliqué dans la suite. L'opiniâtreté que je mettois à défendre Kehl, avoit pour motif de retenir, en effet, le prince Charles sur les bords du Rhin, en piquant son amour-propre, & de l'empêcher de se porter en Italie. Le prince Charles fit cette faute capitale. Au lieu d'abandonner Kehl, dont on ne pouvoit plus rien faire pendant l'hiver, à cauſe des neiges qui arrêtoient le retour des françois en Souabe, & de voler au ſecours de Mantoue, il s'aheurta à la priſe de ce fort, & ne fut plus à tems de ſecourir Mantoue. Tout ce ſyſtême eſt développé dans de nombreuſes lettres que j'écrivis, à ce ſujet, aux armées. Mais mes collègues, excepté Letourneur, ne ſavoient pas même ce qu'elles contenoient ; ils ſignoient de confiance ; je leur en ai fait des plaiſanteries dans le tems ; je leur ai rappelé les injuſtes reproches qu'on m'avoit faits, comme membre du comité de ſalut public, au ſujet des ſignatures. Mais on croyoit encore avoir beſoin de moi. C'eſt lorſque le danger a été paſſé, qu'il n'y avoit plus qu'à recueillir, que ces *directeurs républicains* & pleins de loyauté, ont trouvé bon de m'envoyer à la Guyane.

Lorſque Kehl fut réduit à la dernière extrémité, que Moreau nous envoya un courrier pour nous dire qu'il perdoit un monde prodigieux, qu'il couroit riſque de voir ſes ponts détruits, & ſa retraite ſur Strasbourg coupée, je propoſai d'autoriſer le général à rendre le fort, lorſqu'il le jugeroit indiſpenſable au ſalut de l'armée. Rewbell qui ſe fait un jeu de ſacrifier les défenſeurs de la patrie; qui déteſtant Moreau vouloit lui faire éprouver un revers, s'oppoſa à la reddition de Kehl; j'eus beaucoup de peine à obtenir, qu'enfin il ſeroit permis d'arrêter l'effuſion du ſang : je n'y parvins qu'en le rendant lui Rewbell & ſes dignes émules en cruauté, reſponſables de tout celui qui ſeroit inutilement verſé. Le danger étoit ſi preſſant, que Moreau ne put pas même attendre cette dernière réponſe, ſes ponts étant fracaſſés & prêts à lui manquer.

Lorsqu'il fut question du dernier passage du Rhin, Carnot le retardoit toujours malgré qu'on lui représentât sans cesse, combien cette diversion seroit utile à l'armée d'Italie : il soutenoit toujours que ce passage n'étoit pas praticable, que tout n'étoit pas prêt, quoique toute l'armée puisse attester le contraire. Il ne veulut pas seulement feindre la tentative du passage ; ce qui eût attiré les troupes impériales de ce côté, & eût soulagé & encouragé l'armée d'Italie, qui étoit dans une position fâcheuse. Il avoit même écrit à l'armée d'Italie, que celle du Rhin ne pourroit passer ce fleuve que dans deux mois au plutôt. C'est dans cet état de choses qu'on fit le traité de Léoben, où l'on fit des sacrifices que l'on n'auroit pas faits, si l'ennemi eût été attaqué des deux côtés. La signature du traité transpire, Car-

not vient tout-à-coup avec toutes les dispositions prêtes, pour le passage du Rhin, qui fut ordonné le même jour.

Il n'y a pas un de ces faits qui ne soit démontré absurde par les *pièces officielles*, & la plupart même sont matériellement impossibles.

Le traité de Léoben a été signé le 29 germinal; il y a trois cents lieues à peu-près de Léoben à Paris : la nouvelle n'a donc pu arriver dans cette dernière ville, que six jours après au plutôt, c'est-à-dire, le 6 floréal.

Mais le passage du Rhin s'est exécuté le premier floréal; donc le passage du Rhin étoit fait quatre jours avant qu'on sût à Paris le traité de Léoben ; donc le passage du Rhin n'a point été fait d'après la connoissance venue à Paris du traité de Léoben. Quand on ment Bailleul, il faudroit mieux calculer les dates.

Le passage du Rhin s'est exécuté deux jours après la signature du traité de Léoben. Il étoit donc impossible qu'on connût ce traité ni à Paris ni à Strasbourg. Le passage du Rhin n'a donc été, ni ordonné, ni exécuté, d'après la connoissance du traité de Léoben.

Ne trouvez-vous pas, Bailleul, que votre assertion ressemble un peu à celle de cet honnête témoin, qui déposoit avoir vu commettre un meurtre au clair de la lune, une nuit qu'il n'y avoit pas de lune? cet honnête témoin étoit, dit-on, comme vous, honnête Bailleul, de Normandie : le directoire fait choisir ses rapporteurs. Tout ce que vous dites n'en est pas moins prouvé par *pièces officielles déposées chez les ministres.*

Non-seulement le passage du Rhin ne s'est point effectué en vertu d'un ordre postérieur à la connoissance du traité de Léoben, mais toutes hostilités avoient déjà cessé sur le Rhin, lorsque la nouvelle du traité de Léoben arriva à Paris. Un courier extraordinaire envoyé directement par l'Allemagne aux généraux du Rhin, avoit produit la suspension d'armes.

En vertu de quels ordres Moreau passa-t-il le Rhin le 1er floréal ? c'étoit nécessairement, ou en vertu d'ordres anciens qui n'avoient pas pu être mis à exécution plutôt, & par conséquent, vous mentez quand vous dites qu'il n'y avoit point eu d'ordres anciens: ou bien c'étoit en vertu d'ordres récens; mais puiſque le Rhin a été paſſé le 1er floréal, les ordres ont dû partir au plus tard le 28 germinal de Paris: donc les ordres les plus récens qui aient pu être donnés de paſſer le Rhin ſont antérieurs de ſept jours au moins à la première nouvelle, qui ait pu être connue à Paris du traité de Léoben. Toute l'Europe ſait cela, honnête Bailleul, & cela ne vous empêche pas de dire à l'Europe, d'après les *pièces officielles dépoſées chez les miniſtres*, que le paſſage du Rhin n'a été ordonné que parce qu'on venoit d'apprendre la ſignature du traité de Léoben.

Mais voyons les conſéquences *honorables* qui réſultent pour nos *directeurs républicains* de vos menſonges officieux.

La nouvelle du traité de Léoben

étant arrivée au plutôt le 5 floréal à Paris, comme je l'ai prouvé ; & les ordres de paſſer le Rhin ayant été donnés, ſelon vous, le même jour, il y a donc eu, le 5 floréal, des ordres ſignés par le directoire exécutif de paſſer le Rhin. Mais le Rhin ayant été paſſé le 1er floréal, la nouvelle de ce paſſage a été connue le 3 à Paris. C'eſt-à-dire, que j'ai propoſé au directoire de faire paſſer le Rhin, deux jours après que tout Paris ſavoit que le Rhin étoit paſſé : & le directoire a ſigné cet ordre. Honneur aux *directeurs républicains* : honneur à vous, J. Ch. Bailleul.

Et le directoire a ſigné cet ordre ſans ſe ſouvenir que le 28 germinal, c'eſt-à-dire, ſept jours auparavant, il avoit déjà dû ſigner un pareil ordre, puiſqu'en effet le Rhin avoit été paſſé le 1er floréal : il me voit arriver *tout-à-coup avec toutes les diſpoſitions prêtes*, ſans ſe rappeler que ſept jours auparavant, il m'avoit déjà vu arriver *avec toutes les diſpoſitions prêtes*. Voilà des directeurs républicains bien au courant des affaires de la république! & tout cela eſt prouvé par *pièces officielles dépoſées chez les miniſtres*. Si vous n'êtes pas *ſtupide*, honnête Bailleul, vous êtes au moins naïf par fois.

Je ſens, honnête Bailleul, combien ces vilains calculs doivent vous ennuyer; mais permettez-moi de pourſuivre, cela eſt néceſſaire à ma juſtification, & je ſuis perſuadé que vous êtes bien aiſe, ainſi que le directoire, que je puiſſe prouver mon innocence.

« Toute l'armée, dites-vous, peut atteſter que depuis long-tems tout étoit prêt pour paſſer le Rhin, & qu'on n'attendoit que l'ordre du directoire. » Mais puiſque le triumvirat ſavoit cela, honnête Bailleul, pourquoi n'a-t-il pas, lui, malgré mes objections, ordonné le paſſage du Rhin? ne formoit-il pas majorité au directoire? ne disiez-vous pas dans l'article précédent, que c'étoit contre mon opinion qu'il avoit fait défendre Kehl juſqu'à la dernière extrêmité? pourquoi ne faiſoit-il pas auſſi paſſer le Rhin contre mon opinion? j'avois bien fait un traité de paix malgré Rewbell, il pouvoit bien ordonner une opération militaire ſans moi: comment expliquer cette condeſcendance pour un homme par lequel ils ſavoient qu'ils étoient trômpés? s'ils n'étoient pas encore parfaitement sûrs que tout étoit prêt pour le paſſage du Rhin, *quoique toute l'armée puiſſe atteſter que tout étoit prêt*, ne pouvoient-ils pas, pour s'en aſſurer mieux, envoyer ſur les lieux un officier de confiance? ne pouvoient-ils pas, comme vous le dites habilement, *feindre au moins la tentative d'un paſ-*

ſage ? eſt-ce inſouciance de leur part, puſillanimité, trahiſon ?.... c'eſt à vous, honnête Bailleul, que je laiſſe à décider cette queſtion.

Le paſſage du Rhin, dites-vous, fut ordonné le même jour qu'on apprit le traité de Léoben. Mais remarquez-vous, honnête Bailleul, l'éloge que vous faites ici de cette loyauté du directoire ſi vantée par vous ? il apprend qu'il y a un traité conclu, & le premier acte qu'il fait eſt d'ordonner la violation de ce traité ! il ordonne une bataille ſanglante au moment où il apprend qu'on a ſigné la ceſſation des hoſtilités ! ſuppoſons même, comme vous paroiſſez finement vouloir l'inſinuer, que la nouvelle officielle du traité, ne fût pas encore arrivée ; qu'elle n'eût que *tranſpiré*, ne ſuffiſoit-il pas qu'elle fût répandue dans le public, pour les engager à attendre quelques heures l'arrivée du courier qui devoit apporter les dépêches, avant d'ordonner de nouveaux massacres ? j'ai donc eu bien raison de vous dire, que ces humains directeurs se jouoient de la vie des hommes, comme vous vous jouez, honnête Bailleul, de la vérité & de principes.

Produisez cette lettre que vous dites écrite du jour même qu'on apprit le traité de Léoben ; vous niez qu'il y ait eu des ordres antérieurs de passer le Rhin, lorsqu'il en existe une vingtaine dans les pièces officielles : vous affirmez effrontément qu'il y en a eu de donnés le jour même, lorsque le fait est visiblement absurde & impossible. Vous entassez les mensonges & les contradictions avec autant d'impudence que d'ineptie. Assurément vous meritez une légation, ou vos seigneurs & maîtres seroient bien ingrats.

Observez, honnête Bailleul, que je n'ai aucune pièce à ma disposition. Je nie les faits, parce que je suis sûr de ma conscience; & je démontre vos impostures, parce que vous avez eu la gaucherie, malgré le tems que vous y avez mis, de calculer si mal, que vous m'avez laissé les moyens d'en prouver l'impossibilité physique. Le directoire a tout en main, il peut prendre ce qui lui convient, écarter ce qui ne lui convient pas, souligner des moitiés de phrases pour en tordre le sens; & le seul vide de son accusation contre moi, après tant de travail, suffiroit pour prouver mon innocence aux yeux de toute personne raisonnable. Je m'étonne qu'il n'ait pas fait fabriquer de fausses pièces, contrefaire ma signature; il est, comme vous, au-dessus des vains scrupules qui ne sont faits que pour des *stupides*. Mais qu'il fabrique ou non des pièces fausses, la vérité *& le tems* *qui révèle tout*, comme vous le dites très-bien, [page 6] feront percer le bout d'oreille, & c'eſt par-là que les docteurs ſeront pris. On rencontre bien des écueils, quand on a tant fait que de s'embarquer ſur une mer de perſifidies. J'ai démontré leurs horribles menſonges; de quel droit oſeront-ils maintenant demander qu'on les croie? Encore deux mots ſur le Rhin, Bailleul, & je termine cet article, qui, je le ſens, a dû vous faire *tranſpirer*.

Quoi! les directeurs, eux qui, de leur propre aveu, méditoient depuis ſi long-tems, *dans leur ſageſſe*, les moyens de me perdre, qui entretenoient à cet effet dans les armées une correſpondance particulière, laiſſent échapper encore cette belle occaſion! ils ne font pas retentir les lambris du directoire du cri de leur indignation, lorſque j'ai la barbarie de leur propoſer le maſſacre gratuit de plusieurs milliers d'hommes ! parmi eux trois, il ne s'en trouve pas un qui s'élève contre moi, & qui, prenant l'ascendant que doit avoir sur un coupable, celui qui le surprend en flagrant délit, me dise : — « Malheureux ! depuis deux mois entiers nous te pressons, nous te conjurons d'ordonner le passage du Rhin, & toujours tu nous opposes des difficultés insurmontables ; & aujourd'hui que nous apprenons la signature d'un traité qui rend à la république cette paix si long-tems désirée, tu viens nous proposer froidement la violation de ce traité, & l'égorgement inutile des défenseurs de la patrie ! » — Puis, s'adressant aux autres : « — Mes collègues, je demande que les paroles que je viens de prononcer soient consignées au procès-verbal pour servir à la conviction du coupable ; je vous invite à faire de même. Je demande qu'il soit fait à l'instant au corps législatif un message,

meſſage, pour lui dénoncer ce crime de haute-trahiſon, & provoquer l'acte d'accuſation. Qu'euſſai-je répondu à cet acte d'accuſation ? quel eſt celui qui eût oſé élever ſa voix en ma faveur au corps légiſlatif ? n'eût-il pas été ſur-le-champ accablé & réduit au ſilence ? Quel eſt le coin de l'Univers qui eût pu m'offrir un aſyle contre les furies par qui j'euſſe été pourſuivi, contre le vautour qui m'eût rongé le foie ? Cependant, qu'arrive-t-il ? chacun des benins directeurs ſigne ſans obſervations l'ordre fatal de maſſacrer, qui part le même jour. O parricides ! on voit bien que vous l'euſſiez ſigné en effet, cet ordre abominable, s'il vous eût été préſenté. Dans votre fureur aveugle, vous oubliez que vous vous accuſez vous mêmes ; l'aveu du crime vous échappe : vous manquez votre proie, vous tombez dans vos propres filets, & vous demeurez attachés au poteau de l'ignominie. LES VOILA !!!

Et la France entière ne se soulève pas contre ces monstres ! & les français se disent libres ! & le corps législatif n'est pas opprimé !

Jamais on ne mit tant d'ardeur à presser une opération, que je l'ai fait pour le passage du Rhin. Les triumvirs qui, comme je l'ai dit, ne savoient jamais à quel point en étoient les ressources, qui, nouveaux Xerxès, auroient volontiers fait fouéter le Rhin, la mer & tous les élémens qui leur opposoient quelque résistance, disoient, en s'étendant sur leurs fauteuils : « Il faut passer le Rhin ; » mais le comment les inquiétoit fort peu. Le Rhin ne se passe point à la nage ; il falloit des ponts. Moreau pressoit pour avoir une somme très médiocre, indispensable pour la construction de ces ponts. Cet argent que le ministre des finances disoit tous les jours devoir partir, être parti n'arrivoit jamais. Moreau prend enfin la résolution de venir lui-même à Paris, arracher cette somme à la tréforerie. Je l'engage à repartir sur-le-champ, & à risquer un coup de main, quand même il ne feroit pas tout-à-fait prêt. Moreau n'avoit pas besoin de cela: jamais la république n'eut de serviteur plus dévoué, plus modeste. Il part, & le passage du Rhin est exécuté: il n'étonne que les ennemis; en France on étoit blasé sur la victoire. Je ne m'attendois pas moi-même à un succès si prompt. J'avois dû pour ne point tromper l'armée d'Italie, pour qu'elle ne s'avançât pas trop, avant de pouvoir être soutenue; pour qu'enfin, elle ne se mît pas *dans une position fâcheuse*, (relisez votre article, Bailleul), lui transmettre littéralement ce que j'apprenois du Rhin ; lui dire par conséquent, que tout n'étoit pas prêt, & ne le seroit pas de si-tôt encore. Le passage s'exécute plutôt qu'on ne l'avoit promis, plutôt qu'on ne l'avoit espéré, parce qu'on hasarde beaucoup, précisément pour tirer l'armée d'Italie de sa *position facheuse*. Mais assurément, quand on auroit été averti en Italie par un télégraphe, que le Rhin alloit être passé dans deux jours, il n'en eût pas moins été nécessaire de conclure le traité de Léoben. Joubert, malgré sa résistance plus qu'humaine, malgré ses combats de géans, n'en avoit pas moins été forcé dans le Tirol ; l'ennemi n'en étoit pas moins rentré dans Trieste ; l'armée n'en étoit pas moins menacée sur ses deux flancs, inquiétée sur ses derrières par les insurgés des états de Venise, attendant avec des poignards le moment de nous exterminer.

Enfin l'armée de Sambre & Meuse passa le Rhin le jour même de la signature du traité de Léoben. Etoit-ce aussi parce qu'on venoit d'apprendre la signature de ce traité ? & cette armée seule étoit en état de pousser vigoureusement les ennemis, puisqu'elle étoit déja aux portes de Francfort, lorsqu'elle reçut par l'Allemagne le courier qui lui apprit le traité de Léoben, & fit cesser les hostilités.

Les préliminaires de Léoben arrivent : je me livre à la joie que me cause le bonheur de voir la paix rendue à ma patrie ; Letourneur la partage; mais les triumvirs rugissent. Réveillère étoit un tigre, Rewbell poussoit de gros soupirs ; Barras désapprouvant hautement le traité, disoit cependant, qu'il falloit bien l'accepter. Un jour dans la suite, ne pouvant contenir sa rage, il se leva brusquement, & s'adressant à moi comme un furieux : « Oui, me dit-il, c'eſt à toi que nous devons l'infâme traité de Léoben. » Je répondis que je m'applaudiſſois d'avoir pu contribuer à mettre un terme aux malheurs de la guerre ; & Rewbell fit un ſigne à Barras pour lui dire qu'il étoit impolitique d'attribuer à moi ſeul l'honneur de la pacification.

Enfin, dit Bailleul pour ſon dernier article : *Sous un autre rapport, Carnot arrêtoit les progrès de la conſidération que la république acquéroit au dehors. Sous prétexte d'une économie très-mal entendue, puiſqu'elle tendoit à l'aviliſſement de la république, il propoſa de ne nommer aucun ambaſſadeur. Il ne vouloit que des chargés d'affaires. De-là ſeroit réſulté que les envoyés de la république euſſent eu par-tout le dernier pas, lorſqu'au contraire les ambaſſadeurs de France l'ont ſur tous les autres, ex-*

cepté sur ceux de la confédération germanique.

J'ai déja remarqué que la vérité même devenoit mensonge en passant par la bouche impure des trois tyrans & de leurs suppôts. Ceci en est un exemple.

J'ai pensé, il est vrai, qu'il seroit avantageux de ne pas envoyer de long-tems des ministres & des ambassadeurs dans les cours étrangères, excepté dans celles où nous pouvions faire à peu près la loi; comme en Piémont, en Hollande, en Espagne; & j'en ai fait la proposition au directoire; mais le motif d'économie n'étoit que très-secondaire. La vraie raison que j'ai développée étoit que la république ayant humilié toutes les puissances par ses victoires, il étoit à craindre que la paix une fois faite, celles de ces puissances qui se trouveroient hors de notre atteinte, ne se vengeassent de cette humiliation, sinon par des insultes formelles, au moins par des dédains affectés envers nos ambaſſadeurs, par des préférences marquées pour les envoyés des puiſſances royales & offenſantes pour la république ; Qu'elle ſe trouveroit ainſi expoſée, ou a reprendre les armes pour venger ces outrages, ou à les ſupporter honteuſement. Il me ſemble que ce qui s'eſt paſſé depuis, les nombreuſes inſultes faites aux couleurs nationales, & les violences commiſes ſur les perſonnes mêmes de nos envoyés, quoique le grand œuvre de la paix ne ſoit pas encore achevé, juſtifient paſſablement ce ſyſtême.

Je ſens, à la vérité, combien il doit déplaire à ceux qui poſtulent des légations auprès du directoire. Mais le peu de ménagement que lui-même garde envers les miniſtres étrangers, dont il croit avoir à ſe plaindre, l'expoſe à des repréſailles dont j'aurois voulu prévenir les dangereux effets.

On voit donc que loin de chercher à avilir la république , c'étoit au contraire pour qu'elle ne perdît point sa considération au dehors , que j'avois proposé de demeurer plusieurs années , sans envoyer d'ambassadeurs dans les cours lointaines ; & que le directoire en attribuant à ma proposition des motifs qu'il sait bien n'être pas les véritables , ment encore ici avec sa perfidie accoutumée.

Comment avilit - on un peuple ? Je ne pense pas que ce soit en cherchant à prévoir & à détourner tout ce qui pourroit devenir pour lui un sujet d'humiliation , ou détruire le gage de sa tranquillité : en tâchant de le placer dans cette heureuse situation , où le déploiement des forces proportionné à la reproduction des moyens , assure la stabilité de son gouvernement.

Mais on avilit le peuple qu'on représente, lorsqu'on l'abuse du caractère dont on est revêtu pour le tromper par d'exécrables impostures, pour proscrire ses plus zélés défenseurs.

On l'avilit, lorsqu'on le démoralise, qu'on l'endurcit, qu'on l'égare : lorsqu'on le fait rougir de ses vertus, qu'on lui enseigne à fouler aux pieds les principes, qu'on appelle *stupide* celui qui cherche un point d'appui dans la constitution.

On l'avilit, lorsqu'en le dépouillant de tous ses droits, en lui donnant, au lieu du pacte social qu'il avoit reçu, un régime arbitraire & tyrannique, on lui dit : Voilà la liberté !

On l'avilit, lorsque c'est le plus délateur, le plus intolérant, le plus déhonté, qui par-tout est proclamé le vrai patriote, lorſque celui que la voix publique déſigne quelque part pour le plus tracaſſier, le plus méchant, le plus deſpote, eſt à coup sûr celui qui obtient la confiance du gouvernement.

On l'avilit, lorſque des mandataires de ce peuple, trahiſſant la cauſe ſacrée qu'ils s'étoient chargés de défendre, deviennent les propres artiſans de ſon eſclavage; lorſqu'on les voit ramper dans l'anti-chambre des diſtributeurs de places; qu'ils s'honorent de ſe rouler dans la fange, de ſe couvrir d'opprobres; d'ériger en maxime, que quiconque reſpecte la repréſentation nationale eſt un royaliſte.

Voilà, honnête Bailleul, comment on avilit un peuple; ou plutôt comment on parviendroit à l'avilir, s'il étoit poſſible qu'une nation de trente millions d'hommes intrépides & généreux, pût être avilie par la dépravation de ses gouvernans & la bassesse de quelques mandataires infidèles. Mais tout ce qui est sublime lui appartient, rien de ce qui est grand ne peut s'opérer que par sa puissante masse ; les sottises, les petitesses sont l'ouvrange des individus, & ne peuvent déshonorer qu'eux.

J'ai détaillé l'acte d'accusation dressé contre moi par le directoire exécutif ; j'en ai pulvérisé tous les articles ; j'ai fait voir que chacun de ces articles étoit l'acte d'accusation du directoire lui-même ; & toutes ses foudres ne sauroient enlever un seul éclat, du monument d'infamie que je viens d'élever à sa mémoire. Qu'il en élève de son côté pour immortaliser sa victoire du 18 fructidor ; les vrais amis de la liberté doivent le désirer ; c'est un triomphe qu'on leur prépare : ils seront abattus ces monumens, ils feront renverſés d'un ſouffle, comme un coloſſe aux pieds d'argile ; comme cette ſtatue qui, ſur la place des Invalides, écraſoit la chimère du Fédéraliſme. Le 2 ſeptembre & le 31 mai furent auſſi en leurs tems des journées immortelles, que ſont-elles aujourd'hui? elles ſont ce que deviendra le 18 fructidor. Marat porté au Panthéon, fut jetté bientôt dans un égoût ; tel ſera le dernier jugement que ſubiront les triumvirs.

Jettons encore, en attendant, quelques faiſceaux de lumière ſur le caractère de ces hommes affreux ; mais réſumons d'abord mon acte d'accuſation : pour les preuves, on s'adreſſera à l'*honnête Bailleul*, lequel certifiera ſur ſa conſcience qui n'eſt pas celle d'un *ſtupide*, que ces preuves ſont chez les miniſtres, c'eſt-à-dire, dans le canon à mitraille. On doit croire ſur parole des *directeurs répu-*

blicains. Chacun ſait que c'eſt par la foi implicite qu'on ſe ſauve, ſur-tout les repréſentans du peuple, & qu'il y a une Guyane pour les incrédules.

Après ſix mois de recherches donc, & avec le ſecours de tous ſes fauſſaires à gage, le *directoire républicain* eſt enfin parvenu à découvrir :

1°. *Que j'ai nié qu'il ſe commit des aſſaſſinats.* Tandis que tout ce que j'ai dit & écrit, atteſte le fait diamétralement oppoſé : tandis que le directoire a entre ſes mains les pièces que j'ai fournies moi-même pour la conviction & la pourſuite des aſſaſſins : tandis que c'eſt lui, *directoire républicain*, qui a couvert ces aſſaſſins de ſon aîle protectrice &, s'eſt conſtamment refuſé à les faire punir.

2°. *Que je me ſuis oppoſé à la deſtitution de Willot.* Tandis que ce ſont les *directeurs républicains* qui formoient la majorité du directoire, & qui ont par conséquent maintenu Willot en place, malgré la persuasion où ils étoient, assurent-ils, que Willot étoit un égorgeur.

3°. *Que je voyois Pichegru tous les jours, dans le secret & l'imitité.* Tandis que je n'ai vu Pichegru qu'une fois, par convenance, & non en secret ni en intimité; & une autre fois, par hasard, deux minutes, en présence de dix personnes, & sans lui parler : tandis que j'ai fait ce que j'ai pu par voie indirecte pour le décider à se prononcer en faveur des patriotes.

4°. *Que j'ai protégé les rois & l'empereur.* Tandis que j'ai voté la mort d'un roi, fait trembler les autres rois, & battu en brêche le trône impérial : tandis que ce sont nos *directeurs républicains*, qui, après avoir résisté cinq mois à la conclusion d'un traité avantageux pour la république, ont fini par en conclure un qui rend l'empereur plus puissant qu'il ne le fut jamais; & tel qu'on auroit pu le faire, si l'empereur avoit été constamment vainqueur en Italie.

5°. *Que j'ai soutenu l'existence politique du pape.* Tandis qu'en faisant la paix avec Naples, malgré des *directeurs républicains*, j'ai ôté au pape le seul appui qu'il pût avoir, pour soutenir son existence politique: tandis que j'ai proposé aux *directeurs républicains*, qui ne l'ont point voulu, de dépouiller le pape de sa puissance temporelle, pour la transférer à une puissance (espagnole) qui eût été un contre-poids pour la maison d'Autriche; qui eût anéanti ses prétentions à la qualité d'empereur & roi des romains; qualité qui sera réalisée de fait avant peu dans cette maison, après avoir coûté beaucoup de sang aux ftançais : le tout par les mesures pleines de sagesse & de prévoyance, qu'ont prises en Italie nos *directeurs républicains*.

6°. *Que je voulois faire des royaumes de toutes nos conquêtes, & sur-tout créer un nouveau royaume de Lombardie.* Tandis qu'au contraire je proposois à nos *directeurs républicains*, qui ne l'ont pas voulu, de mettre à profit nos conquêtes, pour aggrandir la république ; pour convertir en république une grande contrée du Nouveau-Monde, qui est, qui languit sous la dénomination d'un roi : tandis que ce sont nos *directeurs républicains*, qui ont monarchisé une *république* qui étoit une de nos *conquêtes*, en livrant Venise à l'empereur.

7°. *Que j'ai voulu sacrifier la Hollande.* Tandis que ce sont nos *directeurs républicains* & pleins de *loyauté*, qui ont voulu la dépouiller : tandis que ce font eux qui ont entretenu l'anarchie par fyftême : tandis que ce font eux qui fe piquent de ne reconnoître aucun droit que celui du plus fort : tandis qu'il eft certain, ainfi que le fait le prouvera, que le projet de ces *directeurs républicains* & pleins de *loyauté*, eft de partager avec l'Angleterre, avec cet Angleterre qui eft un *royaume*, avec cette Angleterre dont ils ont juré l'extermination, les poffeffions de la *république* batave.

8°. *Que je me fuis oppofé à ce qu'on défendît Kehl auffi long-temps qu'on pouvoit le faire.* Tandis que le *directoire républicain* a entre fes mains, les ordres mille fois répétés donnés par moi de défendre Kehl jufqu'à la dernière extrêmité : tandis que ce feroit à lui-même, formant majorité, qu'on devroit imputer le crime, fi Kehl n'eût pas été défendu comme on avoit droit de s'y attendre.

9°. *Que je n'ai voulu ordonner le dernier passage du Rhin, qu'après avoir eu connoissance du traité de Léoben.* Tandis que le Rhin a été passé le jour même du traité de Léoben (qui est à trois cents lieues de Paris) par l'armée de Sambre & Meuse, & deux jour après par l'armée de Rhin & Moselle : tandis que tout Paris savoit le passage du Rhin, deux jours avant qu'on pût y avoir aucune nouvelle du traité de Léoben : tandis que nos *directeurs républicains* s'accusent eux-mêmes du double crime, 1°. D'avoir, eux, qui étoient en majorité, négligé de donner l'ordre de passer le Rhin, lorsque la chose étoit possible, suivant eux, & nécessaire ; 2°. De l'avoir ordonné, lorsqu'il ne pouvoit plus servir qu'à faire massacrer les défenseurs de la patrie, qu'à violer le droit des gens, qu'à rallumer la guerre au moment où l'on venoit de la terminer.

10°. *Que pour déconsidérer la répu-*

blique au dehors, j'ai proposé de ne point envoyer d'ambassadeurs dans les cours étrangères. Tandis que nos *directeurs républicains* savent que c'étoit, au contraire, afin que la république ne perdit point sa considération au dehors : tandis que ce sont eux qui, par leur conduite puérilement hautaine envers les envoyés étrangers, exposent les nôtres à des représailles humiliantes, & la république au danger perpétuel, ou d'être avilie, ou de recommencer la guerre, & que maint exemples ont déjà justifié mon systême à cet égard.

Maintenant, je le demande ; un pareil acte d'accusation ne mérite-t-il pas qu'on crache au visage de ceux qui l'ont fait, qu'on les fustige sur toutes les places & dans tous les carrefours ; qu'on leur affiche sur le dos & sur l'estomach, les mots IMPOS-

TEURS, BRIGANDS, ASSASSINS; qu'on les envoie jouir de l'immortalité qu'ils ont méritée, au Panthéon de Marat? L'impunité de ces monſtres n'eſt-elle pas une preuve irréfragable que la France eſt ſous le joug?

Le ſyſtême du directoire n'eſt pas équivoque pour quiconque a obſervé ſa marche avec quelque attention. C'eſt de fonder la puiſſance nationale, moins ſur la grandeur réelle de la république, que ſur l'affoibliſſement & la deſtruction de ſes voiſins, de les combattre les uns par les autres; de les traiter comme amis, auſſi long-tems qu'on a beſoin de les paralyſer ou d'en extraire des ſecours; & lorſque le tems eſt venu de les écraſer; des génies ſi féconds ont bientôt inventé des prétextes pour réaliſer à leur égard la fable du loup & de l'agneau. On peut voir ſa conduite envers les petits cantons de la

Suiſſe. Ce n'étoit plus l'olygarchie bernoiſe, ce n'étoient plus ceux contre leſquels il s'élevoit un ſi grand nombre de griefs : c'eſt-à-dire, ceux qui avoient trente millions en réſerve & un magnifique arſenal ; c'étoient les propres enfans de Guillaume Tell, démocrates, pauvres, ſans rapport preſque avec leurs voiſins. N'importe, on veut révolutionner ; en conſéquence la liberté qui les rend heureux depuis cinq cents ans, cette liberté qui faiſoit autrefois l'envie des français, n'eſt pas celle qu'il leur faut ; c'eſt la conſtitution qu'on leur préſente, ou la mort ; ils ne veulent pas de cette conſtitution qu'ils trouvent moins démocratique que la leur ; on les tue ; car il eſt clair qu'il n'y a que l'intrigue & le fanatiſme qui puiſſent les détourner de recevoir ce gage de leur nouvelle félicité. Les tuer eſt le plus sûr moyen, pour qu'ils ceſſent de croire aux intrigans

& aux prêtres. Cependant, cette poignée d'hommes ſimples, qui depuis trois cents ans ignore les combats, oſe réſiſter; leur ſang républicain eſt mêlé à celui des républicains français, non pour défendre en commun les droits ſacrés des peuples, mais pour s'égorger les uns les autres.

O guerre impie! dans laquelle il ſemble que le directoire ait eu pour objet de ſavoir combien il pouvoit immoler, à ſon caprice, de victimes choiſies parmi les hommes libres les plus pauvres & les plus vertueux; d'égorger la liberté dans ſon propre berceau, de punir les rochers helvétiques pour lui avoir donné le jour. Dignes émules de Gueſler, les triumvirs, ont voulu auſſi exterminer la race de Guillaume Tell; la mort du tyran a été vengée par eux; les chefs des familles démocratiques lui ont été offerts en expiation ; ils sont morts en défendant l'entrée de leur petit territoire & la violation de leurs foyers ; leurs troupeaux effrayés ont fui dans le désert ; les glaciers ont retenti du cri des orphelins que la faim dévore, & les sources du Rhin, du Rhône & de l'Adda, ont porté à toutes les mers, les larmes des veuves désolées.

Heureusement je ne puis être soupçonné d'avoir pris part à ces actes déshonorans ; si j'avois été au directoire, ce seroit moi qu'un jour on en auroit accusé. Puissent les suites politiques de ces évènemens, n'être jamais fatales à la France ! autrefois, pendant la guerre avec les puissances étrangères, on dégarnissoit sans crainte la frontière de la Suisse, depuis Huningue jusqu'à Genève, parce qu'on étoit sûr de la fidélité & de la neutralité des cantons. Maintenant il faudra toujours avoir quarante mille

mille hommes, ſoit pour occuper la Suiſſe elle-même, ſoit pour garder les départemens voiſins qui ſont dépourvus de places fortes.

C'eſt à force de traivail, de vertus, que les cantons démocratiques de la Suiſſe parvenoient à ſe maintenir. Il eſt impoſſible que ces pays pauvres entretiennent long-tems une armée étrangère, & les frais d'une adminiſtration moins populaire & plus diſpendieuſe que l'ancienne. J'ai déja obſervé qu'il ne pouvoit y avoir de ſtabilité dans un état, quelle que ſoit ſa conſtitution, que quand il y a équilibre entre le déploiement des forces & la reproduction des moyens. L'équilibre eſt évidemment rompu pour la Suiſſe. Il l'eſt également dans la république ciſalpine, à Gênes & à Rome. Tous ces pays conſomment beaucoup au de-là de ce qui leur eſt annuellement départi par la nature.

Ainsi, lorsque les capitaux sur lesquels ces gouvernemens subsistent seront épuisés, il y aura de nouveaux bouleversemens. Qu'elle en sera l'issue ? Je n'en sais rien ; je désire que ce ne soit pas le nouveau sujet d'une guerre d'extermination pour la république française.

La France elle-même, si l'on ne parvient pas à rétablir l'équilibre entre les recettes & les dépenses, éprouvera infailliblement de nouvelles secousses. Mais ici ce n'est pas la nature qui refuse les moyens, elle les prodigue ; ce ne pourra être que la faute de l'administration. Si la France eût fait une paix générale au lieu du 18 fructidor, sa prospérité surpasseroit aujourd'hui celle des peuples les plus heureux dont l'histoire ait fait mention. Et la France touche à sa ruine, si l'on ne se hâte pas d'ouvrir les yeux sur la situation des finances, si l'on ne jette pas enfin les bases d'un systême d'économie politique.

Au dedans, même plan de conduite de la part du directoire qu'au dehors. Il se considère à l'égard des citoyens, sous le même aspect qu'il considère la république à l'égard des autres puissances. Il voit en eux autant d'ennemis sur l'affoiblissement & la division desquels il doit fonder son autorité. Au lieu de travailler dès le premier moment de sa création, à réunir les cœurs, à les rallier à l'acte constitutionnel; au lieu de verser du baume dans les plaies qui furent la suite d'une longue & sanglante révolution, on irrite de nouveau les passions, on remet à l'ordre du jour des dénominations odieuses, on porte au sein du corps législatif le flambeau de la discorde: les expressions les plus virulentes font prodiguées dans des meſſages, dans des harangues étrangères aux affaires de l'intérieur, dans les diſcours familiers; on ſéduit les armées, on les enflamme, on les fait délibérer, on répand par les journaux le fiel le plus amer; on s'entoure des plus vils inſtrumens, d'hommes auxquels on n'auroit pas voulu confier le plus léger de ſes intérêts perſonnels; on conclut la journée immortelle; un crêpe funèbre eſt étendu ſur les droits de l'homme, & la conſtitution eſt poignardée.

Le projet de mutiler la repréſentation nationale fut formé dès le tems des élections de l'an 5. Ce fut Rewbell qui le conçut, les autres ont acquieſcé à ce projet, quand on leur a montré les détails, & qu'on leur en a aſſuré les ſuccès.

La réſolution une fois arrêtée, ils

s'étudièrent à chercher des prétextes ; pour juſtifier l'opération qu'ils *méditoient dans leur ſageſſe*, & les meneurs du conſeil des cinq-cents ne leur en fournirent que trop. Faveur accordée aux ennemis de la révolution, deni de juſtice pour les patriotes, quelque purs qu'ils fuſſent, aviliſſement de tout ce qui tient au pouvoir exécutif, entraves par-tout, reproches injuſtes, interprétations abſurdes de toutes les démarches du directoire, rapports menſongers ſur les finances, injures, menaces, refus de tout moyen d'agir ; voilà ce qu'ont à ſe reprocher les meneurs du conſeil. Mais combien étoient-ils ces meneurs ? Pas quinze. Il s'agiſſoit de les exclure des commiſſions, & c'étoit le parti qu'avoient enfin pris les hommes ſages & éclairés. On commençoit même à exécuter ce projet ; le directoire trembloit qu'on ne parvînt à un arrangement qui auroit tranquilliſé les citoyens ; car alors il auroit peut-être manqué de prétextes ou de moyens pour l'exécution de ses grands desseins.

Le crime triompha, &, comme dans toutes les révolutions, chacun des conjurés fit comprendre dans la proscription ses ennemis personnels, sans résistance de la part de ses complices. Ainsi l'on vit à Rome, Octave, Antoine & Lépide, s'abandonner réciproquement leurs meilleurs amis.

Si la terreur n'eût pas *médusé* les représentans du peuple, si l'appareil de la guerre ne les eût pas entourés, ou plutôt, si les rôles n'eussent pas été distribués d'avance, on eût refusé de délibérer jusqu'à ce que la liberté eût été rendue au corps législatif. Mais en supposant même que l'effroi eût pu contraindre à délibérer ceux qui ne le vouloient pas, il suffisoit qu'ils observassent qu'on devoit provisoirement se borner à l'arrestation des prévenus ; puisque l'arrestation produisoit quant à la sûreté publique, le même effet que le jugement ; jugement qui n'apparte-noit point au corps législatif, & que le rapporteur déclaroit lui-même ne pouvoir motiver. Qui eût pu empêcher qu'on adoptât cette proposition si l'on avoit eu des preuves en main ; si l'on n'avoit pas été réduit à dire comme Bailleul, qu'*on ne cherche pas à prouver la lumière* ; qu'on croiroit avoir mal saisi les intentions du corps législatif, si l'on *se présentoit pour apporter des preuves, pour fournir des justifications.*

On a parlé à cette occasion du *jury constitutionnaire* de Sieyes, comme d'un moyen qui eût pu prévenir l'évènement de fructidor : idée creuse ; le jury constitutionnaire auroit été déporté, aussi-bien que les représentans & les membres du directoire. Je ne connois point de pacte social qui puisse résister aux coups de canon ; point d'ouvrage assez solide pour rester entier, lorsque ceux qui en sont constitués les gardiens, sont assez sacrilèges pour vouloir le briser eux-mêmes.

Mais si le peuple français ayant un jour rompu ses fers, si les représentans ayant secoué la douloureuse oppression sous laquelle ils gémissent, les sauveurs & les complices de leurs forfaits étoient traduits en jugement pour l'immortelle journée, qu'auroient-ils à se plaindre, quand on leur diroit : « On vous amène devant ce tribunal pour avoir médité dans votre sagesse & exécuté dans votre amour pour la constitution, la dissolution du corps législatif & des actes de tyranie dignes des Louis XI, des Christiem & des Cromwel. On usera pour vous de la même mesure & des mêmes poids dont vous avez usé pour les autres. Ainsi d'abord vous êtes condamnés. Maintenant parlez : c'est une faveur qu'on vous accorde; car vous n'avez pas permis que les autres parlassent, même après leur proscription. « Quelles preuves, diroient-ils, y a-t-il contre nous ?» — *On ne cherche point à prouver la lumière* ; — mais pourquoi ne pas donner au peuple qui veut être éclairé, la démonstration de nos délits ? — *Nous ne sommes point ici pour apporter des preuves pour fournir des justifications* , — mais nous réclamons l'observation des loix constitutionnelles ; — *bannissons ces absurdes théories de prétendus principes* , *ces invocations stupides de la constitution* ; — nous allons donc être mis à mort ? — Non ; nous sommes remplis d'humanité : vous ne serez pas mis à mort, parce que nous ne tenons qu'une très-petite partie d'entre vous, que nous ne voulons pas nous ensanglanter pour si peu, & que d'ailleurs nous ne savons pas comment cela prendroit dans le public. C'est un coup d'essai. Point de sang ; des larmes en abondance nous suffisent pour cette fois ; nous avons senti que c'étoit un grand moyen pour réussir dans cette tentative. Vous serez donc seulement déportés, & vous familles ruinées ; parce qu'il est de toute justice que les enfans à la mamelle soient punis pour leurs pères. Si même vos coopérateurs en contre-révolution, que nous ne tenons pas, veulent avoir la bonté de se rendre à Rochefort pour être embarqués, on rendra les biens à leurs parens, jusqu'à ce que les besoins de l'état obligent à en prononcer la confiscation définitive. Nous avions d'abord eu le projet de vous envoyer à Madagascar ; mais comme on dit que les Madécasses ne mangent plus les hommes, nous vous envoyons à la Guyane : on vous donnera des instrumens aratoires ; vous ferez très-heureux. Vous voyez combien nous sommes doux ; mais les mœurs sont trop amollies dans cette république ; nous ferons mieux quand nous aurons remonté l'opinión, ce que nous espérons en dominant les élections prochaines, ainsi que cela doit se faire dans tout pays libre. Au surplus, vous remarquerez que dans votre acte d'accusation, où les plus beaux articles sont entièrement de notre invention, vous n'êtes pas tous nommés. Cette formalité a paru inutile aux *directeurs républicains*, parce que ce ne sont pas vos noms, mais vos personnes que l'on condamne. Nous ferions guillotiner le plus petit officier de police qui feroit une pareille rapsodie : ce dégré de perfection ne convient qu'aux autorités suprêmes, [illegible] a été inventé pour cette nouvelle session du tribunal révolutionnaire, qui a eu l'indulgence de vous faire comparoître devant lui. Remerciez-nous de ce discours éloquent, dont l'à-propos est aussi juste que celui de la harangue de votre grand-maître Réveillère à l'ambassadeur cisalpin, lors de sa réception : & partez. »

Peut-être y avoit-il quelques représentans coupables ; peut-être y en avoit-il de véritablement royalistes. Pourquoi ne les avoir pas mis en prévention, & fait juger suivant les formes constitutionnelles ? c'eût été un grand exemple. Mais dans un vaste plan de conjuration, qui est au moment de s'exécuter, on ne peut suivre les formes légales sans un grand danger : voilà pourquoi le directoire a donné aux manœuvres sourdes & impuissantes de quelques individus, la couleur d'une conspiration, dont les fils aboutissoient à toutes les parties de la république. C'étoit le lendemain matin qu'on devoit l'égorger ; le lendemain la république n'existoit plus ; c'étoit le génie de la liberté qui avoit inspiré de voler aux armes pour une défense nécessaire. Les avant-postes du palais directorial avoient déjà été forcés, quoique le directoire méditât depuis long-tems cette immortelle journée *dans sa sagesse*, que ses arrêtés fussent faits d'avance & ses proclamations imprimées.

On vouloit se défaire de deux cents membres des conseils ; comment y seroit-on parvenu sans une opération qui commençât par les soustraire du corps législatif? La supposition d'un vaste plan de conjuration étoit donc indispensable au succès du projet que le directoire méditoit *dans sa sagesse* ; & peut-on le blâmer pour avoir fait ce qui étoit indispensable ?

Il étoit également indispensable ,

qu'après l'exécution de ſon projet ; il le juſtifiât aux yeux du public ; & que la vérité des faits étant contre lui, il employât le menſonge. Comment peut-on l'accuſer pour cela ? quand le menſonge eſt néceſſaire, n'eſt-il pas excuſable ? Ne feroit-ce pas être *ſtupide* que de s'en faire ſcrupule ?

Enfin, un premier crime étoit devenu néceſſaire pour ſauver la choſe publique : rien de plus évident ; *on ne prouve pas la lumière.* Un ſecond crime étoit néceſſaire pour juſtifier le premier ; un troiſième pour juſtifier le ſecond ; la ſérie, l'accumulation de tous les crimes étoient devenues indiſpenſables pour couvrir ces premières horreurs : ainſi ces horreurs ne ſont pas des horreurs ; ces crimes ne ſont pas des crimes ; ce ſont les vertus du directoire qui n'eſt pas *ſtupide*.

J'honore ſuivant leur mérite des perſonnages ſi pleins de vertus : je voudrois ſeulement qu'on me diſe comment, à leur place, auroient pu s'y prendre trois ſacripans, qui auroient voulu ſe rendre maîtres de la république, & faire exécuter leurs liſtes de proſcription ; je voudrois qu'on me diſe, en quoi la conduite de ces bandits auroient différé de celle des vertueux directeurs ; je voudrois qu'on me diſe, s'ils n'euſſent pas fait le même uſage que ceux, des mots de *république*, *royaliſme*, *liberté*, *loyauté*, s'ils n'euſſent pas aſſocié les mêmes individus à leurs nobles travaux ; s'ils n'euſſent pas juſtifié leurs actes atroces par des calomnies plus atroces encore, & prouvé les délits de leurs victimes, en diſant qu'on ne prouve pas la lumière.

Mandrin ſe vantoit auſſi de ſon humanité, Quand il avoit fait un 18 fructidor au coin d'un bois, quand il avoit détroussé des passans au bord d'un chemin, il ne les tuoit pas toujours, & sur-tout il ne les calomnioit pas, après les avoir dévalisés. Il étoit, au surplus, dans les grands principes de l'*honnête Bailleul*; il auroit au besoin, avec l'aide d'une commission spéciale, composée de l'élite de ses gens, fourni des preuves *lumineuses*, que les passans n'étoient venus là que pour lui couper la gorge, & que ses avant-postes étoient déjà forcés. Retiré dans sa caverne avec ses compagnons-sauveurs, pour partager le butin de la *journée immortelle*, il vouloit que la répartion s'en fît avec une loyauté vraiment triumvirale; & s'il eût vécu dans ces derniers tems, il est douteux que les *directeurs républicains* lui eussent préféré Augereau, pour l'exécution du projet qu'ils avoient *médité dans leur sagesse*. Mais ces directeurs vertueux & républicains, savent que le grand Mandrin finit, quoiqu'un peu tard, par recevoir le juste prix de ses hauts faits.

A la bonne heure, me dira-t-on; vous démontrez que les 18 & 19 fructidor furent de grands forfaits politiques : mais dites-nous ce qu'il eût fallu faire dans la circonstance critique où l'on étoit : dites-nous ce qu'il faut faire quand il est visible qu'une partie du corps législatif veut opérer la contre-révolution, & que cette partie du corps législatif est tellement influente, qu'elle vient à bout d'enlever toutes les résolutions, & de paralyser toutes les mesures salutaires.

Je réponds d'abord qu'on pouvoit éviter cet état de crise, par plus de ménagement & de déférence envers les membres du corps législatif, en faisant des messages moins durs, moins impérieux ; en révoquant quelques commiſſaires du pouvoir exécutif, contre l'immoralité deſquels ces repréſentans apportoient de nombreux témoignages; en montrant enfin un déſir plus ſincère de faire la paix avec les puiſſances étrangères : car c'étoit là le principal ſujet de la défiance. On craignoit qu'en accordant au directoire trop de latitude, & ſur-tout des moyens de finances, il ne s'en ſervît pour prolonger la guerre, plutôt que pour la terminer promptement. Il eſt certain que, par ces procédés, on auroit ramené le plus grand nombre des repréſentans aigris, & que les autres auroient bientôt rougi du rôle honteux qu'ils auroient joué.

Je réponds ſecondement, qu'ayant manqué, par hauteur & par imprudence, ce premier moyen qui étoit le meilleur, il falloit alors, la méſintelligence étant enfin devenue telle que chacun ſentoit le danger qu'il alloit individuellement courir, s'occuper promptement de moyens reconciliatoires. Le corps légiſlatif en avoit déjà ſenti la néceſſité ; il avoit pris le parti de renouveller ſes commiſſions, ſes bureaux, & d'en écarter ceux qui avoient abuſé de ſa confiance : les repréſentans les plus connus par leur caractère & par leurs talens, avoient réſolu de s'élever contre toutes ces motions incidentes qui jetoient le trouble au conſeil des cinq-cents, pour l'attacher conſtamment à des queſtions majeures, principalement à la reſtauration des finances : & c'eſt ici ſurtout qu'eſt le grand reproche à faire au directoire exécutif : la moindre démarche de ſa part à ce moment, ramenoit à lui la maſſe des repréſentans du peuple : mais loin d'aller au devant de ces moyens de réunion, & de les rechercher, le directoire trembloit qu'elle ne s'opérât ;

il travailloit avec une activité incroyable à augmenter chaque jour les sujets de mécontentement & d'alarmes; il ne vouloit pas avoir fait inutilement ses combinaisons profondes : il vouloit enfin l'exécution du grand projet qu'il méditoit depuis si long-temps *dans sa sagesse*.

Je réponds troisièmement, que le mal étant arrivé à son dernier période, il falloit faire un 20 juin, au lieu de faire un 31 mai : il falloit que les représentans patriotes rédigeassent une adresse au peuple français dans laquelle ils auroient démontré avec énergie, les atteintes qu'on ne cessoit de porter à la constitution, & fait voir qu'une partie des conseils étoit évidemment décidée à la renverser. Il falloit qu'ils sommassent en même-temps le directoire, qui avoit juré comme eux le maintien de cette constitution, de leur fournir un asyle contre la tyrannie de ces ennemis déclarés de la république, de les y protéger par la force, & de veiller à leur sûreté personnelle, en leur qualité de représentans du peuple. Cet acte eût été adopté incontestablement par la grande majorité des conseils, par tous ceux au moins que le directoire a jugés dignes d'y rester le 18 fructidor. Dès-lors il n'y avoit plus dissolution du corps législatif : ce n'étoit plus le directoire qui opéroit, qui écartoit de son autorité privée par le canon & les baïonnettes, ceux qui lui déplaisoient, qui faisoit délibérer les autres par la terreur, & les érigeoit en tribunal révolutionnaire. C'étoit au contraire la majorité des représentans qui avoit cherché contre la violence de la minorité, un refuge sous la protection de la force armée, pour la liberté de ses délibérations. Le public eût donc vu d'une part cette majorité sage,

& le directoire réuni à elle d'intention & de sentiment ; de l'autre, une minorité pitoyable mise à nud ; une minorité à laquelle on imputoit déjà l'agitation qui régnoit depuis la nouvelle session. Qu'eût fait cette minorité ? Elle eût été abandonnée sur-le-champ de tout le monde ; ses membres se seroient honteusement dispersés, & n'auroient point réparu ; chaque citoyen eût applaudi à cette mesure constitutionnelle : l'opinion publique se fût ralliée librement & sans terreur au corps législatif & au directoire ; & si parmi les démissionnaires de fait, il s'en fût trouvé de chargés de délits positifs, on les auroit fait juger constitutionnellement par la haute cour nationale, où ils eussent été condamnés, aux applaudissemens universels, parce que le bandeau eût alors été enlevé de dessus tous les yeux.

Voilà ce qu'on eût fait, si c'eût été véritablement la patrie qu'on eût voulu sauver; si l'ambition, la jalousie, la vengeance, n'eussent pas été les ressorts cachés qui faisoient tout mouvoir. Alors il n'y avoit pas besoin de faire faire des adresses par l'armée d'Italie; il n'y avoit pas besoin de faire cerner Paris par l'armée de Sambre & Meuse; il n'y avoit pas besoin d'ôter le commandement de la dix-septième division militaire, au brave Hatry, pour la mettre entre les mains d'un brigand. Quand on n'a que des vues droites, on n'a besoin que d'instrumens purs. Quand une constitution est bonne, c'est en elle-même qu'on doit chercher les moyens de la sauver; & c'est lui faire son procès que de prétendre ne pouvoir la dérober à ses ennemis, qu'en la faisant fuire par le sentier de la tyrannie, & passer sur la planche de l'iniquité. Mais cette marche simple & constitutionnelle ne pouvoit convenir au directoire exécutif, parce qu'il n'établissoit point par-là sa dictature, parce qu'il n'auroit pu frapper tous ceux qui étoient portés sur sa liste de proscription, parce qu'on auroit vu beaucoup de ces prétendus contre-révolutionnaires, pressés entre le oui & le non, s'éveiller tout-à-coup, reconnoître l'abîme où les entraînoit leur haîne aveugle contre les gouvernans, abjurer leurs petites passions, se prononcer enfin énergiquement avec les patriotes. Peut être qu'un trait de lumière eût frappé tous les yeux, que la discorde éteignant son flambeau, on eût vu un grand jour de reconciliation, au lieu d'un grand jour de deuil, & le plus beau triomphe de la constitution, au lieu de son anéantissement.

Mais enfin, pourra-t-on dire encore, si c'étoit la majorité des représentans qui voulût la contre-révolution, ceux qui, en suivant ce que vous venez

venez de dire, se sépareroient des conseils, se trouvant en minorité, ne seroient plus qu'une faction aux yeux du public.

Je réponds d'abord qu'en supposant ce cas possible, ce n'étoit pas du moins celui de fructidor, puisque l'épuration faite par le directoire n'a produit que l'exclusion d'environ deux cents membres. La très-grande majorité étoit donc, suivant lui-même, dans le sens de la constitution; on pouvoit donc sauver la constitution par elle-même. Mais, afin de répondre à tout, je suppose qu'en effet la majorité du corps législatif veuille faire la contre-révolution. Eh bien! je dis qu'alors, non-seulement il est permis de s'insurger, mais qu'on doit le faire. Croit-on que je serois d'avis d'exécuter un acte du corps législatif qui proclameroit la royauté, ou la constitution de 93, ou la miſe hors la loi des membres du directoire ? Non certainement. Mais toute inſurrection aſſujettit ceux qui la font, ſur-tout quand c'eſt l'une des autorités, à deux devoirs dont l'omiſſion les rend coupables de tyrannie & de haute-trahiſon ; le premier eſt de montrer au peuple que l'inſurrection étoit indiſpenſable pour ſauver la conſtitution, & que l'anéantiſſement de cette loi n'avoit pu être prévenu d'aucune autre manière ; le ſecond eſt de prouver que chacun de ceux que le mouvement révolutionnaire a frappés, étoit véritablement & individuellement coupable. Or, ce ſont ces deux choſes que le directoire n'a point faites, & la loi du 19 fructidor n'eſt autre choſe elle-même qu'une miſe hors la loi non-motivée, contre une partie de la repréſentation nationale, & des premiers magiſtrats de la république.

Premièrement, le directoire pouvoit sauver la constitution par elle-même, comme je l'ai fait voir ci-dessus : & il s'en falloit bien, comme je l'ai prouvé, qu'il eût épuisé ou seulement recherché les moyens de prévenir le coup dont on vouloit la frapper.

Secondement, il n'a nullement prouvé que chacun des membres enveloppés dans la proscription fût coupable. Il n'a précisé, ni articulé aucun délit contre la plupart d'entre eux : leurs noms n'ont été prononcés que dans le jugement qui décide leur condamnation, & qui n'est autre chose, comme je viens de le dire, qu'une mise hors la loi. Après six mois de travail, le rapporteur de la commission vient dire au conseil, « qu'il n'a pas de preuves à donner, que les pièces sont chez les ministres, qu'on ne cherche pas à prouver la lumière. » Mais en supposant qu'il fût clair comme la lumière qu'on vouloit opérer la contre-révolution, il n'étoit pas clair comme la lumière que tel ou tel individu étoit un des conjurés ; & la preuve est, que le corps législatif a excepté de la liste plusieurs de ses membres ; il a donc formellement reconnu, ou que le directoire étoit lui-même coupable de faux, ou que du moins il étoit dans l'erreur. Or, qui a dit que le conseil n'en eût pas excepté un plus grand nombre, si chacun eût osé parler ; si l'on neût pas été entouré de l'appareil militaire ; si l'on eût opiné au scrutin sur chaque prévenu en particulier ?

De deux choses l'une : ou il y avoit des preuves contre chacun des accusés, ou il n'y en avoit pas : je ne parle pas même de preuves juridiques, mais de preuves morales, capables de convaincre tout homme de bon sens & de bonne foi : s'il n'y en avoit pas, le directoire est coupable d'attentat contre la représentation nationale: s'il y en avoit, il commet, encore, en les supprimant, un crime de haute-trahison ; car non-seulement il déflore brutalement la constitution, il la souille de ses mains impures, il en détruit les formes sacrées qui la rendoient céleste aux yeux du peuple ; mais par l'affreux exemple qu'il donne de condamner en masse & sans motiver, il fournit encore des armes trempées, à tous ceux qui dans des circonstances critiques, & qu'eux-mêmes auront pu amener, voudront profiter du mouvement pour proscrire leurs ennemis personnels. L'immortelle journée de fructidor, est le type de toutes les journées de désastre & d'horreur qui auront lieu dans la suite : c'est par elle que se justifieront les brigands de tous les siècles, qui déchireront les entrailles de leur patrie : elle sera certainement immortelle dans les faſtes du crime.

Le directoire ſeroit donc coupable de haute trahiſon, quand même il auroit des preuves réelles contre chacun de ceux qu'il a fait proſcrire. C'eſt bien pis lorſqu'il n'en a point ; c'eſt bien pis encore lorſque celles qui exiſtent diſculpent les accuſés, & ſe tournent abſolument contre lui ; lorſque dans ſes aſſertions, on lui démontre, comme je l'ai fait, qu'il eſt ſans ceſſe en contradicton avec lui-même, & que ſi ces aſſertions étoient vraies, ce ſeroit lui, directoire, qui demeureroit chargé de tous les délits qu'il impute aux autres. Et de bonne foi, croit-on que ſi le directoire eût eu des preuves, il ne les eût pas produites ? il a donné tout ce qu'il en avoit ; & il n'a parlé de pièces dépoſées chez les miniſtres, que pour faire ſuppoſer qu'il pourroit en fournir d'autres : lorſqu'au contraire ; par l'aſtuce qu'il met dans la déduction des faits qu'il rapporte, & en ſupprimer ce qui pourroit peut-être les expliquer ou les atténuer il fait voir qu'il n'a négligé aucun des moyens qui pouvoient faire illuſion, & lui être favorables. J'ai aſſez long-tems obſervé ſa marche inſidieuſe, obreptice & machiavélique, pour craindre de me haſarder, en diſant que le directoire n'a abſolument d'autres preuves que celles qu'il a publiées, & que tout ce qu'il a réſervé ou dépoſé chez les miniſtres, ne pourroit qu'affoiblir ou démentir tous les faits qu'il avance.

Maintenant, qu'y a-t-il à faire ? Je n'héſite pas à le dire (& ce n'eſt pas pour moi que je parle) : la liberté avec laquelle je m'exprime ſur les triumvirs, prouve bien que je ne veux ni de leur indulgence, ni m'expoſer de nouveau à leurs fureurs) c'eſt de rappeler les proſcrits. Si leur rentrée ne s'opère point en vertu d'une loi rendue par un mouvement généreux, elle pourra être ſignalée un jour par de fâcheux évènemens. Il eſt impoſſible que le cœur de beaucoup d'hommes eſtimables, auxquels on a arraché par la terreur cet acte de tyrannie & de honte, ne ſoit rongé par les remords, qu'ils ne proteſtent auſſi-tôt qu'ils le pourront contre la violence qui le leur a fait partager. Il eſt impoſſible que la nation qui finit toujours par être juſte, n'en demande pas compte enfin à ſes auteurs. Je ne dis pas, & je ſuis loin de penſer que ces proſcrits doivent reprendre leurs places au corps légiſlatif; ce ſeroit vouloir de nouveaux malheurs. Mais je dis que chacun doit rentrer dans ſes foyers, comme ſimple citoyen, ſous la ſauve-garde des loix. L'opinion publique a jugé chacun d'eux en particulier:

elle a distingué les vrais coupables, s'il en est, des dix-neuf vingtièmes au moins, dont l'âme est pure & ardemment républicaine. Ceux qui sont coupables, seront sans crédit, trop heureux qu'on veuille bien les oublier dans leur turpitude ; ceux qui sont sans reproches, ne voudront pas en mériter, en essayant de faire valoir des droits qui subsistent encore, parce que c'est la tyrannie qui en suspend l'exercice ; mais qui, si les représentans rentroient, seroient prescrits par-là même, qu'en les reprenant, ils pourroient devenir l'occasion de nouveaux troubles. Quand la masse entière du peuple a vu les siens couverts d'un voile funèbre, ses représentans pourroient-ils se plaindre de l'atteinte portée aux leurs ? Je sais les grandes phrases qu'on peut faire pour prouver qu'on ne sauroit se relâcher d'aucune prétention ; on ne manque jamais de bons argumens quand on veut ſatisfaire ſon ambition ou ſa vengeance ; mais je ſais qu'on en trouve de meilleurs encore, pour en faire le ſacrifice, lorſque ce ſacrifice eſt indiſpenſable au repos de ſon pays. Les victoires qu'on remporte ſur ſon amour-propre ſont les plus belles ; elles le ſatisfont d'une autre manière plus touchante & plus durable.

Tant que le corps légiſlatif ne prendra pas cette meſure, il prouvera qu'il eſt ſous l'oppreſſion ; ou que les nouveaux membres qui ont les places de ceux qu'a exclus le 19 fructidor, craignent que ceux-ci ne viennent les réclamer, petiteſſe qu'on ne peut ſuppoſer dans les repréſentans d'un grand peuple.

La conſtitution fut outragée ; on ne peut point faire qu'elle ne l'ait pas été : on ne peut pas faire qu'un crime commis n'ait pas été commis ; mais il ne faut pas demeurer en crime permanent ; il ne faut pas que ce soit un héritage qui passe d'une génération législative à l'autre, d'une session à la suivante.

Il y avoit bien, en effet, dans les conseils, deux cents membres ennemis des directeurs, mais non pas de la république. Les tyrans ont affecté de confondre la haîne qu'on leur portoit individuellement, avec la haîne de la liberté. Ainsi parloit Robespierre ; ses ennemis personnels étoient toujours les ennemis du peuple, & la convention nationale n'étoit qu'un amas de conjurés. Mais c'est précisément parce qu'on aime la liberté qu'on déteste les tyrans. Beaucoup, sans doute, des représentans ont eu les plus grands torts de ne pas sacrifier leurs animosités particulières ; ils n'ont pas apperçu le péril où ils mettoient la chose publique, & où ils s'engageoient eux-mêmes par leur imprudence.

J'ai fait beaucoup d'efforts pour ramener ceux que je voyois, & ce n'étoit aucun des meneurs, aucun de ceux dont le ſyſtême liberticide me paroiſſoit formé ; mais des repréſentans éclairés, courageux, républicains, malheureuſement exaſpérés. D'autres ont eſſayé de venir chez moi, & ma porte étoit ouverte à tous les repréſentans du peuple indiſtinctement ; mais il en étoit que mon accueil glacial avoit bientôt écartés. Deux de ces derniers me parlèrent d'une manière détournée, & un troiſième formellement, de mettre hors la loi les triumvirs. Il me demanda l'effet que cela produiroit. L'effet que cela produira, lui dis-je, eſt de nous rendre tous à notre qualité de ſimples citoyens, & au devoir de nous inſurger contre vous. Dès l'inſtant que vous prononcez la miſe hors la loi d'un individu quelconque, vous avez anéanti la conſtitution, vous n'êtes plus repréſentans du peuple, vous êtes des tyrans, vous êtes vous-mêmes hors la loi. Une nouvelle révolution, la guerre civile, votre mort certaine; voilà l'effet que cela produira. Ce député, comme on l'imagine bien, n'eſt pas revenu chez moi.

Pendant ce temps, les *généreux directeurs méditoient dans leur ſageſſe* comment ils m'égorgeroient; ils ſe préparoient à cet acte plein d'équité & de loyauté, par les calomnies dont ils faiſoient remplir les journeaux; ils s'occupoient de pouvoir le juſtifier enſuite par tout ce qu'on peut avancer de menſonges palpables & de noirceurs groſſièrement abſurdes.

Cependant l'inſtant de la criſe approchoit; j'aurois pu, en me jettant, ſoit dans l'une, ſoit dans l'autre des factions, mettre des chances de mon côté.

J'ai préféré m'exposer à une perte presque certaine par leur choc, & je ne saurois me repentir de ce que j'ai fait.

Lorsque les triumvirs firent cerner Paris avec une colonne de l'armée de Sambre & Meuse, Hoche vint me voir. J'avois sauvé la vie à Hoche avec beaucoup de peine, du tems de Robespierre, je l'avois fait mettre en liberté, immédiatement aprés le 9 thermidor, & j'avois fait réunir les trois armées de l'ouest en une seule, pour lui en donner le commandement, parce que je ne voyois que lui qui pût terminer la guerre de la Vendée & des chouans. Il savoit cela, & il paroissoit se reprocher son injustice envers moi, & sa foiblesse pour le parti dans lequel il se laissoit entraîner. Il me donna à entendre qu'il y étoit retenu comme malgré lui par des femmes ; il est certain qu'elles ont joué un rôle très-actif dans la révolution de fructidor. Je reprochai à Hoche cette marche de troupes qui n'avoit été approuvée en aucune manière par le directoire. — « Mais, me dit-il, je ne puis pas faire l'expédition d'Irlande sans troupes. » — « Vous savez, lui dis-je, général, qu'il y a encore 43 mille hommes sur les côtes, & que signifie cette quantité de troupes à cheval que vous emmenez avec vous? » — « Ce sont me dit-il, des régimens que j'ai formés moi-même, & qui me sont extrêmement attachés. » — C'étoit un homme à grands moyens que Hoche, & qui ne pouvoit manquer d'être très-dangereux en prenant un parti quelconque dans les affaires politiques. Je crois que sa haine ancienne contre Pichegru, aura pu contribuer à le décider. Il affectoit un grand mépris pour ce dernier, sous le rapport des talens militaires. Leur rivalité avoit commencé à la levée du siège de Landau, où Pichegru, protégé par Saint-Juſt & Lebas, alors repréſentans du peuple près l'armée du Rhin, & très-prépondérans, avoit pourtant cédé le commandement en chef des armées réunies à Hoche, ſoutenu par Lacoſte & Baudot, repréſentans du peuple près l'armée de la Moſelle.

Au commencement de la guerre, Hoche étant encore peu connu, envoya au comité de ſalut public, un mémoire ſur les moyens de pénétrer en Belgique. Quand j'eus lu ce mémoire, je dis, par forme de converſation, au comité : « Voilà un ſergent d'infanterie qui fera du chemin. » Mes collègues me demandèrent de qui je parlois : « Amuſez-vous, leur dis-je, à parcourir ce mémoire ; ſans être militaires, il vous intéreſſera. Robeſpierre le prit ; quand il l'eut achevé, il dit : « Voilà un homme exceſſivement dangereux. » Et je crois que c'eſt de ce moment même qu'il réſolut de le faire périr.

Un trait ſaillant de la ſcélérateſſe des triumvirs, c'eſt qu'après avoir fait cerner Paris par les troupes de l'armée de Sambre & Meuſe, ils ont publié que c'étoit moi qui en avois fait donner l'ordre. Ils penſèrent que cette impoſture paroîtroit vraiſemblable, parce que j'étois chargé de la correſpondance militaire, & qu'alors, de plus, j'étois préſident du directoire, ayant par conſéquent la ſignature. Hoche montroit myſtérieuſement un papier ſigné par moi, & donnoit à entendre que c'étoit l'ordre de la marche des troupes. Cet ordre avoit été ſollicité en effet, d'abord ſous prétexte de l'expédition d'Irlande, & enſuite renouvellé & fortement appuyé par Rewbell ſur-tout, ſous prétexte de nouveaux troubles parmi les chouans. Mais je m'y étois oppoſé, parce que je ſavois qu'il y avoit plus de troupes qu'il n'en falloit ſur les côtes de Breſt. On vouloit faire cerner

Paris, & faire en ſorte que ce fût moi qui en eût donné l'ordre. Ce n'eſt que lorſque les triumvirs ont cru pouvoir ſe faire honneur de leurs attentats, que ces myſtères ont pu s'éclaircir, par leur propre déclaration : qu'ils méditoient depuis long-tems la grande journée *dans leur ſageſſe*, & qu'ils entretenoient à cet effet des correſpondances dans les armées.

Quoique dans les derniers tems, la terreur eût tellement ſaiſi les repréſentans du peuple, que beaucoup d'entre eux n'oſaſſent plus coucher dans leurs maiſons, je n'ai ceſſé d'eſpérer preſque juſqu'au dernier moment. Je crus même qu'on n'avoit fait venir Augerau que comme un épouvantail. Je me rappelois ce que m'avoit dit Rewbell au premier voyage de ce général, lorſqu'il apporta 60 drapeaux enlevés aux ennemis, par l'armée d'Italie. « *Il a bien l'air d'un factieux*, me dit Rewbell ; *quel fier brigand* ! je convins ſans peine au moins de la première partie de ſa remarque : ſon extérieur étoit celui d'un Marius : ſon faſte auſſi étoit aſſez difficile à concilier avec la ſimplicité républicaine, & avec une rigoureuſe probité. Mais on pouvoit préſumer qu'il repréſentoit auprès du directoire, plutôt comme ambaſſadeur, que comme un des généraux de l'armée d'Italie.

L'appareil qu'il déploya dans cette circonſtance, ne m'auroit point paru blâmable, ſi, d'une part, il ne l'avoit pas pouſſé juſqu'au ridicule, & ſi, de l'autre, ſes vues ambitieuſes n'euſſent percé trop évidemment. L'or & les diamans dont il étoit couvert, ſembloient être les dépouilles des vaincus ; les anneaux qu'il portoit à tous ſes doigts, ceux qu'Annibal enleva aux chevaliers romains.

J'eus l'avantage de le voir en particulier chez moi. Il me donna une très-haute idée de ses talens militaires. Il me dit que c'étoit lui seul qui avoit dirigé les affaires d'Italie ; que Bonaparte pourroit faire quelque jour un bon général ; mais qu'il manquoit d'expérience ; qu'il l'avoit même vu presque perdre la tête dans des occasions délicates ; que c'étoit lui, Augereau, qui lui avoit rendu la confiance, qu'il l'avoit tiré de bien des mauvais pas ; que c'étoit lui, enfin, qui avoit *tout fait.*

Ce n'étoit point à moi seul qu'Augereau parloit avec cette franchise de son propre mérite ; c'étoit à tous ceux qui vouloient l'entendre ; & les sycophantes qui remplissoient leurs journaux de louanges si peu délicates pour Bonaparte, si peu dignes de sa véritable gloire, caressoient, flagornoient en même-tems, celui qui s'attribuoit sans discrétion tous ses succès.

En fructidor, on fit espérer à Augeréau une place de membre du directoire, pour prix de son zèle à faire périr ceux dont on vouloit se défaire. Mais il fut en cela dupe du directoire, ainsi que les représentans qui voulurent en effet l'y porter. Les triumvirs le craignoient trop; c'eût été pour eux un collègue redoutable. Il eût bientôt joui exclusivement de la faveur populaire, par ses exagérations révolutionnaires & ses propositions désorganisatrices. En général, plus on est ignorant, plus on est factieux : c'est ce qu'il a été facile d'observer dans toutes les assemblées nationales. Parmi les triumvirs, Rewbell est le seul qui ait un plan suivi & des connoissances positives; mais il croit la liberté impossible, & ne voit de gouvernement que dans le despotisme le plus absolu : c'est ce qui règle sa marche. Barras ne s'en fait point accroire; il sait qu'il ne peut marquer qu'en révolutionnant, & il est toujours prêt à révolutionner, n'importe dans quel sens: d'ailleurs, profondément aristocrate, c'est-à-dire, ennemi de tout ce qui tend à rapprocher les hommes de l'égalité. Réveillère tourmenté par le désir d'être fameux, & se démenant de toutes manières pour y parvenir, s'est fait théophilantrope, comme les vieilles femmes qui ont été coquettes, se font dévotes pour ne pas mourir au monde; mais voyant que cela ne lui réussissoit pas, il a mieux aimé devenir tyran que de se borner à conserver la réputation d'homme de bien, avec laquelle il étoit arrivé au directoire.

Je ne sais, au surplus, sur quoi pouvoit être fondée cette réputation: peut-être sur le besoin qu'on a de se faire illusion, de se soulager en pensant qu'il est quelques âmes pures: peut-être, sur l'espèce de pitié qu'inspire, un être disgracié de la nature au phisique. Mais il n'en est certainement pas de plus hypocrite ni de plus immoral que Reveillére. La nature, en le rendant puant & difforme, semble avoir eu pour objet, de mettre en garde ceux qui en approchènt, contre la fausseté de son caractère & la profonde corruption de son cœur.

Je me rappellerai toute ma vie son sourire d'antropophage, au moment où, en sa qualité de président, il leva la séance du directoire le 17 fructidor. Il savoit que c'étoit ma dernière ; il croyoit que dans quelques heures, il ne resteroit plus de moi qu'un cadavre ensanglanté. Quel spectre hideux ! je crus voir Charles IX, quand le tocsin de la Saint-Barthelemy va sonner, disant adieu à ceux qui vont être égorgés par ses ordres. Un poignard sembloit s'élancer de chacun des angles de sa figure ; ſa tête étoit penchée ſur ſon épaule, ſes yeux devenus preſque opaques regardoient obliquement ; le haut de ſes joues étoit agité d'un mouvement convulſif; & ſes lèvres s'entr'ouvroient & ſe portoient en avant, comme à l'approche d'une coupe remplie du ſang de ſa victime.

Je ne penſe pas que ce ſoit ſans deſſein que la nuit du 17 au 18 fructidor, ait été choiſie pour l'accompliſſement du projet, que les auteurs méditoient depuis ſi long-temps *dans leur ſageſſe.* Les 17 & 18 fructidor répondent préciſément aux 3 & 4 ſeptembre, époque des fameux maſſacres de 93. Pluſieurs de ceux qui s'étoient ſignalés à la première ſeptembriſation, ont été les directeurs ſecrets de la ſeconde, & ont fait adroitement coïncider les dates pour mieux identifier ces deux évènemens : ils ont voulu ſe faire beaucoup de com-

complices, diviser, par la similitude des circonstances, sur un grand nombre d'individus, l'horreur qui étoit concentrée sur eux, & faire que l'opinion publique, qui les harcèle toujours, cessât de les poursuivre isolément. Il est certain que les nouveaux septembriseurs ont fait cause commune avec les premiers, que ceux-ci leur ont fermé la bouche; qu'ils allèguent tous les mêmes raisons pour se justifier, le *salus populi*, & qu'on ne peut faire l'apologie des uns, sans faire celle des autres. Si les derniers n'ont pas fait massacrer, c'est qu'ils ne l'ont ni pu, ni osé; ils n'étoient pas assez sûrs du succès de leur entreprise, & ils savoient qu'ils inspiroient trop d'horreur au peuple devenu rassis & instruit par l'expérience du passé; mais ils ont mis plus de rafinement dans leur cruauté, & n'ont pas fait moins de malheureux. Les proscrits de la seconde septembrisation, sont les victimes immolées aux manes de d'Orléans ; l'histoire compren. dra, sous le même nom générique, les coryphées de l'une & de l'autre, elles ne seront qu'un même fait pour ceux qui cherchent à voir les évènemens dans leur cause.

Beaucoup de représentans ne se sont pas apperçus du rôle infâme qu'on leur faisoit jouer ; le même précisément que celui auquel fut réduite la convention nationale, lorsque Tallien, au nom de la commune, vint lui annoncer qu'on alloit délivrer la France de ses ennemis, & vuider les prisons ; par un égorgement universel. Les premiers septembriseurs ont eu une grande jouissance, en voyant s'accroître leurs co-associés, de ceux mêmesqui, jusqu'alors, avoient fait, au moins en apparence, profession de les fuir ; ils ont voulu, en l'honneur de l'immortelle journée de fructidor, leur faire élever des monumens, & célébrer des fêtes, que, dans leurs orgies & leurs conseils secrets, ils auroient rapportés à l'époque de 93, aussi-bien qu'à celle de 97. Probablement que ce secret leur a échappé, & que c'est ce qui aura fait ajourner l'exécution de ce projet sublime à des temps plus *heureux*.

Bonaparte, trompé par de faux rapports, outré des sorties injustes qu'on faisoit à chaque instant contre lui, quitta la direction que lui avoit indiquée d'abord sa pénétration naturelle. Je vis, dans les derniers tems, un de ses aides-de-camp, nommé la Vallette, qu'il m'avoit recommandé lui-même dans une de ses lettres. La Valette étoit à Paris, pour informer Bonaparte de la situation des affaires. J'eus avec lui plusieurs entretiens, dans lesquels je lui développai tout le système de la marche que je suivois. Il me dit que Bonaparte l'avoit très-bien jugée, qu'il pouvoit me certifier que le général voyoit absolument comme moi ; mais qu'il se plaignoit de ce que, depuis quelque tems, je ne lui écrivois plus. Je lui répondis que mon motif étoit que Bonaparte me paroissoit n'avoir plus la même confiance en moi, & que je présumois qu'il auroit fini par croire en partie les mensonges que les journaux débitoient sur mon compte, sur-tout ceux qui prenoient à tâche de me faire passer pour son ennemi ; mais qu'au surplus, je lui écrirois avec ouverture de cœur, par le premier courier qu'on feroit partir.

Quelque tems après, & c'étoit, je crois, six jours avant le 18 fructidor, la Vallette vint, & me dit : « Vous devez êtr[illegible] assuré sur les nuagés que vou[illegible] s'être élevés dans l'es[illegible]arte à votre égard. Il [illegible]'il vient de vous écrire par le même courier, que vous pouviez compter sur toute son estime & sur toute son affection ; qu'il voit les évènemens politiques absolument de la même manière que vous. « Je marquai à la Valette toute ma sensibilité ; mais, lui dis-je, la lettre ne m'a point été remise. » Il parut prodigieusement étonné, & moi je n'ai pas révoqué en doute, que le petit tartuffe de Réveillère, alors président, n'eût séquestré la lettre de Bonaparte, & qu'elle n'ait été gardée par le trio plein de loyauté.

J'étois si persuadé qu'il étoit impossible que Bonaparte eût contribué à ma proscription, que lorsqu'il passa pour se rendre à Rastadt, par une petite ville où je me trouvois momentanément, je fus sur le point de lui écrire pour lui demander un moment d'entrevue ; & si je ne le fis pas, c'est uniquement parce que je craignis de le mettre lui-même

dans une position trop délicate ; car il ne me tomba pas dans l'esprit, de révoquer en doute sa générosité. Je le laissai donc passer & j'illuminai mes fenêtres, comme tous les autres citoyens me livrant à mes réflexions nullement tristes sur la bizarrerie des destinées humaines. Je m'applaudis beaucoup quelques jours après du parti que j'avois adopté, lorsque j'appris qu'en passant à Genève, Bonaparte avoit fait mettre en arrestation un banquier nommé Bontems, uniquement parce qu'on soupçonnoit Bontemps de m'avoir amené de Paris à Genève, après la journée du 18 fructidor, afin de me soustraire aux poursuites du directoire, qui avoit mis des bataillons entiers & de l'artillerie en campagne, pour me chercher dans les environs de Paris. Le soupçon n'avoit aucun fondement ; jamais je n'avois vu Bontems à Paris ; & ce n'est point à lui que j'ai eu l'obligation de m'avoir amené hors des frontières. Le malheureux n'en est pas moins resté plusieurs mois en prison. Tel est le récit que m'en ont fait plusieurs personnes qui l'ont vu à Genève, & qui lui ont entendu raconter ce fait, auquel il a ajouté que Bonaparte étoit entré dans une extrême colère, & lui avoit fait les plus violentes menaces.

Bonaparte vouloit la paix, le directoire n'en vouloit point. Elle eût été conclue cinq mois plutôt, s'il l'eût voulue, aux conditions, qu'il a fini par accepter, parce qu'il a senti que le meilleur argument qu'il pût proposer aux français, en faveur du 18 fructidor, étoit la paix. Il faisoit croire, en la concluant, que c'étoit les autres qui s'y étoient constamment refusé, & que lui, au contraire, il s'étoit empressé de répandre ce grand bienfait aussi-tôt qu'il s'étoit trouvé débarrassé de ses entraves.

On peut voir par sa conduite subséquente, si c'étoit de bonne foi qu'il vouloit la paix.

De tous les traités entre lesquels il eût été le maître de choisir, il a pris le plus mauvais ; & j'avois tort certainement de dire que ces *directeurs républicains* vouloient opprimer l'empereur. Il s'en faut de beaucoup qu'ils l'aient opprimé. Les préliminaires purs & simples de Léoben, que l'on pouvoit convertir sur-le-champ en traité définitif, valoient mieux. Ils portoient la cession de Mantoue au lieu de celle de Venise, & Venise vaut sûrement mieux que Mantoue. Bonaparte leur avoit écrit que Mantoue pouvoit être suppléé pour la sûreté de la république cisalpine, par Pizzighitonne ; & que cette dernière place même avoit plusieurs avantages sur la première. Mais le directoire vouloit garder Mantoue, quoique par les préliminaires de Léoben, il fut ſtipulé quelle ſeroit rendue: & c'eſt uniquement ce qui a empêché de conclure la paix.

Comme je voulois cependant qu'elle ſe fît, & que je voyois leur obſtination à garder Mantoue, je leur propoſai, un jour, comme pis-aller, de céder Veniſe à ſa place; j'avois même d'avance rédigé une lettre pour cela à Bonaparte; mais ils ſe recrièrent qu'il vaudroit encore mieux céder Mantoue que Veniſe: ils avoient raiſon ſur ce point: je ne leur propoſois de céder celle-ci, que parce que je les voyois aheurtés à garder l'autre, & cependant c'eſt Veniſe qu'ils ont cédée. La lettre que j'avois préparée, fut jetée au feu; mais par une rencontre ſingulière, Bonaparte avoit eu la même idée que moi; & le lendemain ou deux jours après, nous reçumes de lui des dépêches, par lesquelles il nous proposoit de substituer Venise à Mantoue, dans les préliminaires de Léoben; ajoutant que la paix seroit conclue bien vîte à cette condition. On l'avoit rejetée de ma part, on la rejeta également de Bonaparte : on vouloit, en un mot, garder & Mantoue & Venise; & reprendre sur-le-champ les armes, si l'empereur n'acquiesçoit pas à ce qu'elles nous restassent l'une & l'autre. Voilà les conditions sur lesquelles on a disputé cinq mois, & au bout de ces cinq mois, on a choisi la plus mauvaise.

La haîne que me portoient plusieurs membres du directoire & Barras sur-tout prenoit sa source dans des évènemens bien antérieurs à sa formation. Barras étoit d'une faction que j'ai toujours eue en horreur; de cette faction qui voulut d'abord porter d'Orléans sur le trône; qui n'ayant pu réussir, imagina de travailler pour ſon propre compte, & qui finit par ſe diviſer elle-même en deux autres, l'une Dantonnienne dominant aux Cordeliers, l'autre Robeſpierrienne, dominant aux Jacobins & à la Commune de Paris ; de cette faction enfin, qui, d'abord ſi contraire au ſyſtême républicain, en porta enſuite les principes juſqu'à l'exaltation, lorſqu'elle vit qu'elle pouvoit en profiter pour ſe mettre elle-même à la tête de la république.

J'étois également ennemi des Cordeliers & des Jacobins, & je n'ai jamais voulu entrer ni dans l'un ni dans l'autre de leurs repaires. J'avois la même averſion pour Danton & pour Robeſpierre : mais comme membre du comité de ſalut public, on me ſuppoſoit du parti de ce dernier, ſans ſavoir peut-être, que je ne ceſſois, dans ce comité, de lui reprocher ſa cruauté & ſa tyrannie.

Barras étoit de la faction dantonnienne ; ainſi que la plupart de ceux qui ſe ſont qualifiés thermidoriens par excellence ; mais qui, le 9 thermidor, indépendamment du danger qui les menaçoit, & auquel il leur étoit urgent de faire face, ſongeoient beaucoup moins à abattre un tyran, qu'à en venger un autre, & à rétablir la tyrannie de celui-ci dans leurs propres mains. Et quels étoient en effet ces prétendus vengeurs de l'humanité ? C'étoient parmi les principaux, ces mêmes hommes qui avoient inondé de ſang les villes de Paris, de Bordeaux, de Marſeille.

Mon grand crime, à leurs yeux, fut d'avoir ſigné l'arreſtation de Danton ; cependant une choſe que peu de perſonnes ſavent, c'eſt que j'avois été au comité de ſalut public contre l'arreſtation de Danton : non que je ne regardaſſe ce chef des ſeptembriſeurs comme un homme exécrable ; mais je disois aux membres du comité : « Sans doute vous êtes assez puissans pour envoyer à la mort celui qu'il vous plaira de désigner ; mais si vous frayez une fois le chemin de l'échafaud aux représentans du peuple, nous passerons tous successivement par ce même chemin. « Les signatures, ainsi que je l'ai expliqué à la convention, ne constatoient point l'opinion de ceux qui les donnoient, mais seulement que tel arrêté avoit été pris par le comité ; de même que les signatures des présidens & secrétaires du corps législatif & du directoire, certifient que telle loi ou tel arrêté a été rendu, mais non pas que ce fût de leur avis. Ce n'étoient point des signatures de confiance, comme on l'a dit, mais des signatures de forme prescrites par la loi.

Tout le monde savoit cela, & ceux

qui me poursuivoient avoient mille fois donné de semblables signatures ; mais on avoit repris tous mes actes personnels, soit ceux que j'avois faits comme membre du comité, soit ceux que j'avois faits comme représentant, dans les nombreuses missions que j'avois remplies pendant huit mois, presque sans interruption : & comme on n'avoit pas pu trouver de quoi fonder la plus légère accusation, il fallut bien en venir à m'attribuer les crimes des autres. Et au lieu de regarder comme un acte de dévouement, ce que j'avois fait en défendant les membres accusés du comité, pour arrêter le carnage des représentans du peuple, on m'en fit un nouveau délit. Je dus mon salut au courage de quelques hommes vertueux & hors de toute suspicion, qui, osant enfin prendre hautement ma défense, forcèrent ces brigands de lâcher prise. Mais ils ne firent qu'ajourner leur vengeance à un tems plus favorable. J'avois eu le bonheur au comité, de contribuer à tirer la république du péril, en repoussant ses ennemis : ma récompense fut une affreuse persécution. Au directoire, j'ai contribué à la retirer des nouveaux dangers, où ces mêmes scélérats, opérant alors comme réacteurs, l'avoient replongée ; ma proscription de fructidor a été mon salaire. Au reste, je savois que les républiques étoient ingrates ; mais je ne savois pas que ceux qui se disent républicains, le fussent individuellement autant que je l'ai éprouvé.

Si quelqu'un a mérité d'être déporté pour avoir donné lieu à une réaction, certes ! ce sont bien ces infâmes qui, à force de poursuivre les plus purs républicains, & de confondre l'innocent avec le coupable, eux qui étoient couverts de crimes, amenèrent enfin la crise du 13 vendémiaire. Mais il leur est donné de faire retomber toujours sur leurs adversaires la punition de leurs propres délits : c'est ainsi qu'après avoir séduit & égaré les parisiens par leurs manœuvres contre-révolutionnaires, ils finirent par les tuer à coup de canon, pour les punir de leur crédulité, lorsqu'ils virent qu'eux-mêmes alloient devenir victimes de leur infernale politique. J'étois alors un être entièrement nul dans la république ; je me réunis le 13 vendémiaire au corps législatif, pour périr avec lui, s'il le falloit : mais je ne fus absolument pour rien dans tous ces évènemens.

J'ai entendu Barras gémir plus d'une fois de ce qu'on n'avoit pas assez tué en vendémaire ; & Rewbell parfaitement de son avis, proposant un jour que nous étions dans une grande pénurie, de lever sur Paris une contribution forcée de soixante millions dans les ving-quatre heures. « Voulez-vous donc, m'écriai-je, remettre à l'ordre du jour, la terreur & la mort ? » — « Je voudrois qu'elles y fussent déja, répondit Rewbell ; je n'ai jamais eu qu'un reproche à faire à Robespierre, c'est d'avoir été trop doux. » Et Barras répéta son mot favori, ce mot que Germain lui a ensuite reproché en d'autres termes. « Nous n'en serions pas là, si l'on avoit mieux châtié les parisiens en vendémiaire. »

Sieyes ayant refusé la place de membre du directoire, à cette époque où tout étoit tellement désespéré, que le directoire avoit peine à trouver quelques domestiques qui voulussent le servir, tant son état paroissoit précaire, on jeta les yeux sur moi. Le bruit s'en étant répandu, le directoire m'invita, ainsi que Sieyes & Merlin, à me rendre auprès de lui. Nous y fûmes tous trois ensemble. Le directoire proposa à Merlin, le ministère de la justice ; à Sieyes, celui des relations extérieures, & à moi, celui de la guerre. Merlin accepta ; Sieyes & moi refusâmes. J'avois peine à comprendre que des hommes parmi lesquels je savois avoir au moins deux ennemis capitaux, pussent m'offrir une place éminente. Il n'y a pas de doute que ce ne fût pour m'empêcher d'être porté au directoire. C'étoit principalement pour rétablir les affaires de la guerre que le corps législatif vouloit me nommer : l'objet étoit rempli si j'eusse accepté le ministère. Quelques jours après on m'auroit ôté ce même ministère, & peut-être en m'accusant des mauvais succès probables dans ces premiers momens.

Sur mon refus, on nomma Aubert-Dubayet ; & il est à remarquer, que c'est à moi qu'on s'en est pris ensuite de l'incapacité d'Aubert-Dubayet, & que ce ſont les journaux vendus à Barras qui m'ont fait ce reproche. Aubert-Dubayet étoit plein de courage & d'eſprit; mais il ſentoit lui-même qu'il n'étoit point propre au miniſtère, & il n'a ceſſé de me conjurer de le débarraſſer de ce peſant fardeau.

Les commencemens de l'adminiſtration du directoire furent d'une difficulté extrême. Cependant le zèle, le bonheur, le concours des autorités, que le danger commun réuniſſoit alors, rétablirent en peu de tems la confiance; la guerre de la Vendée fut terminée; les armées reprirent leur premier enthouſiaſme, les papiers-monnoies diſparurent; la libre circulation des ſubſiſtances, due au miniſtre Benezech, en amena l'abondance; il ne nous reſtoit plus qu'une inquiétude réelle, c'étoit celle que nous donnoient les anarchiſtes, conſpirant hautement au club du Panthéon, provoquant chaque jour l'égorgement du corps légiſlatif, du directoire, & voulant, par toutes ſortes de forfaits, rétablir la conſtitution de 93.

Je ne ſais ſur quel fondement on avoit imaginé que je favoriſerois le parti de ces anarchiſtes. Tous ceux qui me connoiſſoient perſonnellement, tous ceux qui avoient obſervé ma marche à la convention, ma conduite dans mes miſſions, ne pouvoient pas douter que je ne fuſſe leur plus mortel ennemi.

Mon extérieur n'annonce pas non plus un ultra-révolutionnaire ; j'ai vu des perſonnes qui, d'après la peinture que des journaux, leur avoient faite de moi, ne revenoient pas de leur ſurpriſe en me voyant, & ne pouvoient comprendre que ce fût là ce terrible membre du comité de ſalut public, cet aſſocié de Robeſpierre. Il s'en trouveroit bien moins encore de celles qui m'ont connu antérieurement à la révolution, négligé, ſolitaire, diſtrait, préoccupé, ce qu'on appeloit une eſpèce de philoſophe, c'eſt-à-dire une eſpèce d'original, qui vouluſſent ſe perſuader aujourd'hui, que je ſuis devenu un courtiſan, un ami des rois, & que, partageant la gloire d'avoir fondé la plus majeſtueuſe des républiques, j'aie voulu m'amuſer enſuite à la démolir. Cela étoit réſérvé aux ſublimes membres du directoire exécutif; c'eſt-à-dire, à ceux de tous les hommes qui ſavent le mieux le contraire.

Quoi qu'il en ſoit, le directoire ne vit alors de moyens de ſalut que dans la fermeture du club du Panthéon. Bonaparte, commandant de la 17e diviſion militaire, fut chargé de l'exécution qui eut lieu le ſoir même.

Mais les anarchiſtes ne ſe rebutèrent point, chaque jour c'étoit de nouvelles tentatives de leur part ; on ſe contentoit de les diſperſer ; on ne ſéviſſoit contre aucun. L'impunité les enhardit d'autant : nous étions, par rapport à eux, ce qu'eſt un homme qui, ſe battant en duel avec un autre, ne fait que parer les coups de ſon adverſaire, ſans jamais riposter ; quelque mal-adroit que ſoit cet adverſaire, il eſt certain qu'il doit finir par tuer ſon ennemi. La république eût ſuccombé de même infailliblement, ſans l'arreſtation de Babœuf & de ſes complices, qui jetta l'épouvante dans le cœur de ces brigands, & opéra leur diſperſion.

Ceci me rappelle une anecdote aſſez remarquable. Un de ces hommes que l'on cherche à égarer dans tous les projets qui ſe ſuccèdent pour la deſtruction du gouvernement, vint chez moi un matin , après l'arrestation de Babeuf. C'étoit un cordonnier ; il m'expliqua comment on travailloit la classe des ouvriers. Je lui fis apporter à déjeûner, & je le fis causer librement sur tout ce qu'il savoit. Entre autres propos curieux, il me dit : *Mon Dieu , citoyen Carnot, combien j'ai été surpris de ce que vous avez fait contre Babeuf ; je vous croyois un Brutus.* « Quand il le faut, » lui dis-je. Je vis que l'on entretenoit les citoyens de cette partie de la société dans des idées tellement exaltées, que toute constitution, toute loi, tout gouvernement quelconque , leur paroissoit un attentat contre la liberté , tous les hommes en place des tyrans, & ceux qui proposent de les tuer, surtout ceux qui se chargent de l'exécution , autant de Brutus.

Le directoire ne vit pas sans jalousie , que c'étoit moi, qu'on avoit tant pris à tâche de faire passer pour un protecteur de l'anarchie, qui lui eût porté un coup si terrible. Mais ce qu'il me pardonna bien plus difficilement encore dans la suite, quand on jugea à propos de me faire passer pour royaliste, ce fut l'arrestation de Dunan, Brottier & Lavilleheurnois. Assurément ce ne sont pas des *stupides* ceux qui ont inventé que j'étois le complice de ces agens de Louis XVIII, moi qui les avois suivis si long-tems à la piste, & qui enfin les avois fait arrêter & mettre en jugement, tandis que les *directeurs républicains*, laissoient ces mêmes agens opérer à côté d'eux, sans se douter de rien. Cependant, ce n'étoit pas une chose insignifiante que cette conspiration des agens de Louis XVIII; *leur procès*, dit Bailleul [page 29] *avoit tout révélé.* Cet aveu est précieux. C'est donc moi qui ai fait arrêter ceux qui ont tout révélé : et vous auroient-ils révélé par hasard,

honnête

honnête Bailleul, que je fusse leur complice, de ce que j'avois frappé & Duverne & Babeuf ? On auroit pu conclure, peut-être, que j'étois également ennemi & du royalisme & de l'anarchie ; mais on en a jugé plus savamment ; de ce que j'ai frappé Duverne, on a conclu que j'avois été complice de Babeuf ; de ce que j'avois frappé Babeuf, on a conclu que j'étois complice de Duverne : mais ceux qui n'ont frappé sur rien, ne sont complices de personne. Ceux qui laissent travailler toutes les factions, ne sont d'aucune faction ; ceux qui proscrivent les républicains, sans reproche, sont les vrais patriotes ; ceux qui déchirent le pacte social, sont les vrais amis de la constitution ; ceux qui mettent le peuple aux fers, sont les vrais amis de la liberté ; ceux qui font des guerres d'extermination, sont les vrais amis de la paix ; ceux qui font des 18 fructidor, sont les vrais ſauveurs de la patrie. *On ne cherche pas à prouver la lumière.*

Cochon & Malo contribuèrent autant, & plus que moi, à déjouer les agens de Louis XVIII. Mais Louis XVIII a été vengé par les *directeurs républicains* : ils ont proſcrit Cochon & Malo. L'eſtimable, le très-eſtimable miniſtre Cochon, plus actif mille fois, plus courageux, plus républicain que nos *directeurs républicains*, fut celui qui dévoila au directoire toute cette hiſtoire de la *coterie des fils légitimes*, dont Bailleul orne ſon rapport. Tous les détails qu'il donne ſont tirés des mémoires que Cochon avoit ſaiſis par le moyen de ſes agens.

A entendre Bailleul, pourtant, c'eſt le *fin* directoire qui a découvet tout cela. Non, Bailleul, le *fin* directoire ne découvre que des conſpirations imaginaires, il manque les véritables; mais par compensation, celles qu'il trouve *dans sa sagesse* sont si claires que ce seroit mal *saisir ses intentions* que d'en demander les preuves. Qu'importe qui périt dans le grand tourbillon, innocent ou coupable? n'a-t-il pas toujours frappé ses ennemis; n'a-t'il pas la dictature? j'ai déja observé que le double talent de la faction orléaniste, dont les restes travaillent aujourd'hui pour leur propre compte, & sont les véritables auteurs de fructidor, étoit de s'approprier le fruit du travail des autres, & de faire toujours retomber sur ceux-ci la punition de leurs propres crimes.

C'est à l'époque alarmante de la conspiration de Babœuf, c'est sur-tout en considérant l'imminant danger qu'avoit couru la chose publique à la dissolution de la légion de police, danger que peu de personnes ont apprécié, que je sentis la nécessité d'exclure enfin des places, cette foule d'êtres immoraux & incorrigibles, qui portoient le désordre, le mécontentement, la terreur dans toutes les parties de la république. J'avois contribué moi-même à en faire placer quelques-uns, au commencement; jamais pourtant de ceux que je regardois comme des scélérats, mais de ceux que j'avois cru seulement exaltés. C'étoit autant pour diminuer à Paris la masse de ces élémens inflammables, que par l'espérance de voir ces hommes égarés revenir aux principes de la modération, & abjurer de bonne foi un systême qui avoit causé tant de maux. Mais je vis bientôt que si quelques-uns en effet, étoient rentrés loyalement dans la bonne voie, la plupart ne cherchoient qu'à profiter des avantages qu'ils avoient obtenus pour tout renverser.

Ce fut alors aussi que je commençai à trouver de fortes contradictions dans le directoire. Rewbell étoit constamment le patron des gens accusés de vols, de dilapidations ; Barras, celui des nobles tarés & des pourfendeurs; Réveillère, celui des prêtres scandaleux. Dès que la députation d'un département sollicitoit une place de commissaire ou de receveur, pour tel ou tel individu, dont elle garantissoit les lumières, les mœurs & la probité, on comptoit le nombre des voix des députés : s'ils étoient huit ou neuf pour appuyer la demande, un ou deux pour la rejeter, elle étoit rejetée sans examen, parce qu'on avoit posé en principe que la grande majorité des conseils étoit royaliste. Rewbell avoit énoncé plusieurs fois formellement cette proposition : il avoit des notes sur presque tous les membres du corps législatif : tout ce qu'il apprenoit contre eux, n'importe de quelle part, il le ramassoit, & le plaçoit dans son recueil; pièce à tiroir, au moyen de laquelle il peut envelopper dans une conjuration quelconque, ceux des représentans dont il croira expédient de se défaire J'avertis Jourdan qu'il y a contre lui particulièrement de ces notes ; j'ai oui dire positivement à Rewbell que Jourdan étoit un traître. C'est lui qui a le plus contribué à lui donner du dégoût, & à l'obliger de demander sa retraite.

La plupart des autres généraux célèbres, étoient égalemenr notés par lui comme des traîtres. Parmi eux Kleber, sur-tout, étoit l'objet de sa haîne déclarée. Cependant Kleber a repris du service, parce que sans doute on a profité de la circonstance pour lui persuader que c'étoit moi qui avois occasionné sa disgrace. C'est moi, au contraire, qui ne pouvant l'empêcher, l'adoucis du moins autant qu'il me fut possible, par une lettre écrite au nom du directoire, pour lui témoigner ſon regret de perdre un officier d'un ſi grand mérite. Je ſuis perſuadé que le directoire n'auroit pas ſouffert que cette lettre eût été écrite, s'il l'avoit lue, mais il la ſigna de confiance. Enfin à l'égard de tous les hommes marquans d'une manière quelconque dans la république ; je n'ai jamais entendu langage auſſi conforme à celui de Robeſpierre, que celui de Rewbell ; ni apperçu un déſir plus conſtant, d'anéantir tout ce qui ſe fait remarquer par un mérite ſupérieur.

Il paroît d'ailleurs entièrement convaincu que la probité & le civiſme ſont deux choſes abſolument incompatibles. Il ne conçoit pas comment un homme ſans reproche, auroit pu ſe jetter dans la révolution. Un jour je faiſois quelques obſervations ſur le luxe affiché par Merlin de Thionville, depuis la fameufe reddition de Mayence, où il étoit avec Rewbell, en qualité de repréfentant du peuple; lui, Merlin, qui avoit déclaré à la convention n'avoir pour vivre que fon traitement de député: le rouge monta au vifage de Rewbell, quoiqu'il poffède au plus haut dégré, l'art de fe compofer. Quelques jours après, il dit, comme fans deffein: « Merlin de Thionville eft un coquin; je le lui ai dit; il dépenfe vingt-cinq louis par jour au Calvaire, je lui ai été long-tems attaché, parce que je le croyois honnête homme; mais j'ai brifé avec lui. » Il n'a cependant nullement brifé, & il n'a ceffé d'être lié de la manière la plus intime avec ce Merlin.

Au refte, la foif du pouvoir eft inextinguible chez lui. Lors du tirage au fort, pour favoir celui des membres qui devoit quitter, fa vue étoit tellement troublée en ouvrant le fatal billet, que quoique ce billet fût pour rester, il lut que c'étoit pour sortir; & il lui échappa de dire, en faisant un mouvement : *C'est moi* ; mot que j'entendis très-bien, parce que j'étois à côté de lui, & dont je lui ai fait ensuite quelques plaisanteries. Il est convenu du fait.

Quant à Barras, j'ai dit qu'il protégeoit les nobles; & cela est vrai, tout en paroissant déclamer contre eux. Il travaille sourdement à faire rentrer individuellement les émigrés qualifiés; il a toujours quelques marquis ou quelque chevalier à proposer pour les places vacantes : mais ce sont des marquis & des chevaliers qui ont méprisé l'avantage de leur naissance, même dans l'ancien régime. Il est certain que Barras est aristocrate, & que le nom de patriote qu'il a sans cesse à la bouche, n'est, chez lui, qu'un moyen de séduire & de dominer.

Après l'affaire de Grenelle, comme on accusoit Barras dans le public, de n'avoir pas paru pour la défense du directoire, il fit mettre dans quelques journaux, qu'il s'y étoit montré, & laissa le fait dans l'incertitude, afin de pouvoir l'affirmer ou le nier, suivant la direction du vent. Le fait est qu'il n'y parut pas, non plus que Rewbell ni Réveillère. Mais ensuite, ils poursuivirent l'affaire avec beaucoup plus de chaleur que moi, qui ai toujours pensé qu'on ne devoit exercer aucune espèce d'influence sur les tribunaux saisis d'une affaire quelconque. Réveillère, que je fus moi-même avertir du danger, lorsqu'on vint annoncer que les insurgés marchoient sur le palais directorial, & qu'ils n'étoient plus qu'à quelques pas de la porte, me dit qu'il s'en remettoit bien pour cela à Letourneur & à moi, qui étions militaires. Les insurgés s'en retournèrent quand ils furent qu'on étoit en possession de les recevoir, & furent delà au camp de Grenelle. Barras & Rewbell s'excusèrent le lendemain, en disant qu'ils avoient été à la campagne, parce qu'ils n'avoient pas été avertis. Je crois, moi, qu'ils y furent, parce qu'ils étoient très-bien avertis. Toujours leur même systême; laisser faire les autres dans tous les cas périlleux, s'approprier le succès quand on réussit, rejetter la faute sur les autres, quand on ne réussit pas. Quand différens particuliers vinrent les jours suivans nous faire le rapport de ce qu'ils avoient vu, l'un d'eux dit que Tallien & plusieurs autres de la faction orléaniste, avoient attendu au bord de la rivière, le résultat de l'entreprise sur le camp de Grenelle, & qu'apprenant la mauvaise issue de la tentative, ils s'étoient dispersés & enfuis. Barras qui vivoit dans l'intimité avec Tallien, crut qu'il pourroit être bon pour lui dans ce moment d'en séparer sa cause, & il se mit à le dénigrer lui-même. Il y auroit, dit-il, cinq cents conjurations, que Tallien seroit de toutes.

Ces deux hommes affreux étoient unis, non par les liens d'une véritable amitié, dont les ames honnêtes seules sont susceptibles, mais par leur émulation en cruauté. Ils avoient exercé les mêmes fureurs, ils s'étoient également baignés dans le sang; l'un à Marseille, l'autre à Bordeaux. J'avois, pour me défendre au besoin contre leur faction, lorsqu'elle me poursuivoit avec tant d'acharnement, recueilli quelques extraits de leurs lettres au comité de salut public, durant leurs missions; il est impossible de rien concevoir de plus épouvantable, & tout ce qu'on a publié d'eux, ne donne qu'une foible idée de ces phrases horribles, littéralement extraites de leur correspondance. Cette pièce curieuse est retombée entre les mains des coupables ; elle étoit parmi mes papiers, sur lesquels le scellé a été apposé.

J'ai su tout le regret qu'ont eu les triumvirs de n'avoir pu me faire tuer dans la nuit du 17 au 18 fructidor, ne fusse que pour éviter par ma mort la révélation de tant de crimes. Ils avoient apostés vers la porte de derrière de mon jardin, une troupe d'assassins, auxquels je fis donner par la garde du directoire, l'ordre de se retirer, & qui se retirèrent en effet, lorsqu'ils surent qu'ils étoient découverts. Quelques minutes avant que de faire partir le détachement qui devoit m'arrêter, ils envoyèrent un aide-de-camp, pour savoir si j'étois encore chez moi ; j'y étois encore, & je ne sortis qu'au moment où la garde étoit déja dans les appartemens. Le Luxembourg étoit cerné par une immense quantité de troupes & d'artillerie; mais je trompai la vigilance des sbires, en ce que je m'étois ménagé d'avance une issue qu'ils ne connoissoient pas. J'entendis le coup de canon d'alarme au moment où je venois de fermer sur moi la dernière porte; & avec deux pistolets dans les mains, j'errai environ trois heures dans la ville, pour pouvoir gagner l'asyle où je me réfugiai, par des rues détournées, afin d'éviter les corps-de-gardes & les postes militares qu'on avoit multipliés. Rewbell entra dans un accès de rage contre l'officier porteur du mandat d'arrêt; & Barras eut l'inconcevable lâcheté, d'aller lui-même, avec ses soldats, arrêter, le débile Barthelemy.

Le 19, lorsque le conseil excepta de la proscription quelques représentans, entre autres Doulcet, on fait le message insolent, qu'adressa à ce sujet le directoire au conseil, qui, un peu revenu de sa première terreur, ne changea point sa décision. Alors Réveillère dit qu'il falloit faire assassiner Doulcet. Assurément, il ne falloit à celui-là que des occasions pour bien *travailler la marchandise*.

Ensuite ils célébrèrent leur immortelle journée par des galas, dans lesquels il ne leur manqua, pour rendre la joie complète, que de s'enivrer délicieusement dans les crânes de leurs ennemis. A Rome, le triomphe n'avoit pas lieu pour les victoires remportées dans les discordes civiles; ces époques étoient des jours de deuil pour tous les citoyens.

La plume échappe des mains après ces détails, & lorsqu'on réfléchit que c'est à de pareils monstres que la France est livrée ; ce malheur cependant ne doit point déſeſpérer les amis de la liberté, ni empêcher les légiſlateurs de préparer à leurs concitoyens un avenir plus heureux. La reſtauration des finances & la ſtabilité dans les loix, doivent ſur-tout fixer leur attention. Chacun ſent la néceſſité de régler promptement ce qui regarde le premier article. Il eſt bien tems auſſi que l'on ſache à quoi s'en tenir ſur le ſecond ; il eſt tems que le droit de propriété ceſſe d'être incertain. La garantie des poſſeſſions peut ſeule faire fleurir l'agriculture, attacher par la jouiſſance paiſible, les citoyens à la patrie qui les protège ; faire enfin de l'amour de la république, la ſouveraine paſſion des cœurs.

C'eſt également lorſque les obligations des citoyens ſont réduites à un petit nombre de devoirs ſimples & immuables, que chacun venant bientôt à les connoître, s'y conforme avec plaisir, élève ses enfans dans la pratique de ces mêmes devoirs, & qu'il se forme insensiblement une morale publique qui s'identifie avec l'existence même de la nation, lui donne son caractère propre, & en éternise la durée. Voilà pourquoi tous les grands législateurs ont vu moins d'inconvéniens dans un code imparfait, mais immuable, que dans des loix meilleures, mais sans cesse amovibles. Le meilleur gouvernement est celui où tout se fait par habitude, par éducation, & non par des préceptes variables; celui, en un mot, où il y a le moins à faire pour les gouvernans; de même que la meilleure horloge est celle où il y a le moins à faire pour l'artiste. Mais l'erreur de la plupart de ceux qui sont à la tête des affaires, est de croire qu'ils seroient des êtres inutiles, & que les choses n'iroient pas, si en tout lieu & à toute heure, on ne sentoit leur influence, leur action immédiate. La tolérance universelle & la sobriété dans l'émission des loix, sont le plus sûr moyen de rendre les peuples satisfaits, & d'éviter les révolutions.

Permettez tout ce qu'il est possible de permettre sans briser le lien de la société, ou ne dites pas que vous voulez être libres. En cet état de choses, il y aura peut-être quelque effervescence dans les commencemens; mais peu-à-peu, chacune prendra l'assiette qui lui convient, & bientôt le corps social n'en sera que plus uni, plus compact, parce que vous aurez substitué le lien de la nature au lien artificiel de la loi. Voilà ce que des despotes ne sauroient comprendre; & ils parviennent tellement à faire prendre le change, que ceux qui veulent la liberté dans sa plus grande latitude, sont précisément ceux qu'on qualifie d'ariſtocrates & de royaliſtes. Le roi goth Théodoric étoit ſur ce point beaucoup moins goth que ne le ſont nos directeurs républicains.

On dit que la France eſt plus tranquille qu'elle ne l'étoit avant fructidor : cela peut être. Mais en ſuppoſant même que les triumvirs gouvernaſſent avec autant de ſuccès qu'Octave devenu empereur, ou Cromwel devenu protecteur, en feroient-ils moins les oppreſſeurs de leurs pays ? On pourroit les comparer au chaſſeur qui, ayant pris un éléphant ſauvage, s'efforce, par ſes bons traitemens, de lui faire aimer l'eſclavage auquel il le deſtine, & qui ne doit finir qu'avec ſa vie.

On ne juſtifie point l'uſurpation du pouvoir, en faiſant un heureux uſage de ce pouvoir ; autrement, quiconque ſe ſentira plus de talent pour gouverner, que celui qui gouverne actuellement, aura le droit de le tuer, & de se mettre à sa place; il aura le droit de substituer sa volonté suprême aux loix & aux tribunaux, sous prétexte de l'imperfection des unes, de la lenteur des autres, & des abus inséparables de toute institution humaine. Et comme le pouvoir concentré offre, en effet, des moyens plus forts & plus rapides qu'un pouvoir constitutionnel, le gouvernement de cet usurpateur pourra paroître quelque tems plus avantageux, lorsqu'il ne sera, dans le fait, que le court prélude d'une servitude éternelle.

S'il falloit examiner la question particulière de savoir si même, quant à l'administration, les effets du 18 fructidor ont été avantageux, il seroit aisé de prouver le contraire. Il seroit aisé de faire voir qu'on a substitué un systême de dissipation & de consommation, à un systême d'économie & de régénération ; que pour jetter quelques éclairs, on a usé, sans mesure, de tout ce que le soin avoit accumulé de ressources. Le directoire a recueilli avec ostentation les fruits que d'autres avoient semés, & il a semé des ronces pour ses successeurs. Je suis persuadé que, sans avoir eu à faire la guerre aux grandes puissances, les armées se trouveront réduites à la fin de la campagne, de près de moitié, tant au matériel qu'au personnel. Et les grandes puissances ont, au contraire, profité de ce tems pour se remettre en force : l'embarras des finances est plus grand, malgré l'accroissement des contributions, malgré les sommes qu'on a tirées de l'étranger, & la suppression des paiemens dans l'intérieur. Les spéculations commerciales, qui étoient devenues très-actives, avant fructidor, sont anéanties; &, au lieu de la paix générale que l'on pouvoit conclure, on s'eſt fermé toutes les voies d'un accommodement honorable, en jurant une guerre d'extermination avec les anglais, en ſe rejettant dans un tourbillon de nouveaux événemens politiques, d'où peuvent réſulter de nouvelles coalitions contre la France, de nouveaux ennemis dans les diverſes parties du monde, & qui peuvent remettre, ainſi que je l'ai déja dit, la république en problême, lorſqu'elle étoit glorieuſement reconnue par toutes les puiſſances. On ne peut pas être excuſé de jouer continuellement & ſans néceſſité, à pair ou non le ſort de ſon pays, quand même on réuſſiroit toujours. Celui qui mettroit toute ſa fortune ſur un billet de loterie, ſeroit un fou ; & quand il viendroit me dire que le billet eſt ſorti, je ne le regarderois pas moins comme un fou, ſur-tout s'il vouloit placer de nouveau toute ſa fortune ſur un autre billet.

Mais ſi cette fortune n'eſt pas la ſienne, qu'il en ait ſeulement l'adminiſtration ; & qu'au lieu de l'accroître graduellement par des moyens de prudence, & d'en employer les revenus à des réparations urgentes, il laiſſe tout dépérir pour faire de brillans coups de dez, je dis, qu'alors, il n'y a pas ſeulement folie, mais abus de confiance, infidélité & trahiſon.

Revenons à cette obſervation, que la France eſt, à ce que l'on dit, plus tranquille qu'elle ne l'étoit avant fructidor. Mais il faut ſavoir quelle eſpèce de tranquillité : eſt ce la tranquillité de la ſtupeur, ou celle de la ſécurité ? le repos d'un reſſort comprimé, ou celui d'un reſſort libre ? le ſilence des citoyens, qui ne ſavent jamais s'ils sont dignes d'amour ou de haîne, ſous une autorité qui ne connoît point de loix, ou ce calme dans lequel ſe dilate le cœur, à l'abri des caprices d'une autorité arbitraire sous la protection des loix ? Dans le premier de ces deux sens, c'est-à-dire, dans le cas de la tranquillité produite par l'oppression, c'est en effet le propre du gouvernement despotique, d'être plus tranquille que le gouvernement républicain. Athènes est sûrement plus tranquille aujourd'hui qu'au tems de Thémistocles. Rome fut plus tranquille sous les Tarquins & sous Sylla, qu'au temps de la création des tribuns; on est plus tranquille au fond d'un cachot que sur la place publique. Mais la France est-elle plus heureuse aujourd'hui qu'elle ne l'étoit avant fructidor ? C'est ce que je nie : & si je me trompois en niant ce fait, il s'en suivroit la conséquence singulière, que le peuple est plus heureux sous un gouvernement despotique [puisque celui du directoire est le plus absolu qui ait jamais existé] que sous un gouvernement

nement républicain ; c'eſt bien là en effet le ſyſtême de Rewbell ; & c'eſt auſſi ce que ſoutiennent tous les royaliſtes;ils ne diffèrent qu'en ce que ceux-ci veulent une monarchie héréditaire ; au lieu que Rewbell la veut élective ; pourvu ſur-tout, que le choix tombe ſur lui.

Nous ſommes donc forcés, pour l'honneur même de la république, de croire que le peuple ſouffre aujourd'hui beaucoup plus qu'il ne ſouffroit avant fructidor ; mais chaque citoyen concentre ſa douleur ; il n'a aucun moyen de l'exhaler, puiſqu'il n'y a plus de liberté de la preſſe ; & s'il oſoit dans ſa commune faire entendre ſes plaintes, il ſeroit ſur-le-champ traduit devant les agens du pouvoir exécutif, jetté dans les fers, déporté ou mis à mort, comme contre-révolutionnaire : s'il oſoit réclamer à mi-voix ſes droits de *républicain*, il ſeroit proſcrit comme *royaliſte*. Dans un pays libre, on crie beaucoup quoiqu'on souffre peu ; dans un pays de tyrannie on se plaint peu quoiqu'on souffre beaucoup. Voilà la différence qui existe entre l'époque qui a précédé le 18 fructidor, & celle qui a suivi.

Avant fructidor, l'agitation fut à la vérité poussée à l'excès, parce qu'il y avoit scission entre les deux premières autorités constituées. Ce sont des orages auxquels il faut s'attendre dans une démocratie. Il y avoit deux moyens de calmer cette agitation : l'un étoit d'employer la voix de conciliation, de rapprocher les autorités par l'amour de la patrie & le sentiment du danger commun : ce moyen conservoit les pouvoirs intacts, étoit entièrement dans le systême républicain, & établissoit la confiance dans le pacte social. Le second étoit que l'une des autorités écrasât l'autre ; & c'est celui qu'a pris à son profit le directoire exécutif qui avoit la force en main : non-seulement il n'a pas voulu tenter le premier moyen, mais il y a opposé une résistance insurmontable, & il a repoussé avec hauteur, toutes les avances qui lui ont été faites. Qu'en est-il résulté ? une monarchie en cinq personnes. Et ce qu'il y a de plus remarquable, c'est que ce sont ceux qui ont fait prévaloir ce systême monarchique, c'est-à-dire, les nouveaux monarques eux-mêmes, & ceux qui n'ont pas rougi de s'en faire les valets, qui se sont qualifiés de *républicains*, qui ont appelé les autres *royalistes* & qui les ont proscrits comme tels.

Il en fut & il en sera toujours de même en pareilles circonstances. Il seroit trop dangereux de dire au peuple qu'on lui ôte sa liberté, & la politique des tyrans fut toujours, de lui annoncer qu'ils brisoient ses chaînes, au moment même où ils l'en surchargeoient. Octave se garda bien d'abolir le nom de république ; l'Angleterre fut appelée république, sous l'oppression de Cromwel, & jamais ce nom de république ne fut si terriblement respecté en France, que sous le gouvernement révolutionnaire. Aujourd'hui, non-seulement en France, mais en Suisse, en Hollande, à Rome, à Gênes, à Milan; partout où le directoire gouverne directement ou indirectement par ses proconsuls & la force militaire; n'est-on pas obligé, crainte de pis, d'affirmer qu'on est libre? On parviendra à faire crier aux hommes: *Ah que je suis heureux!* pendant qu'on les écorchera vifs, comme ces sauvages qui mettent leur gloire à partager & surpasser la joie des convives, pendant que ceux-ci les déchiquetent pour les manger.

Eh! quels sont ceux qu'on doit nommer les vrais amis [illegible] royauté, sinon ceux qui s'efforcent de la faire regretter par leur propre tyrannie? Quels sont les vrais ennemis de la république, sinon ceux qui cherchent à la rendre haïſſable ? Les mots ne ſont rien pour le peuple, c'eſt le bonheur qu'il lui faut. S'il eſt malheureux ſous un gouvenement qui ſe dit républicain, il demandera la monarchie ; ſi on lui perſuade qu'une république n'eſt autre choſe qu'un pays d'abnégation perpétuelle, où la juſtice ſe rend à coups de canon, où l'on en eſt quitte, lorſqu'on a égorgé ſon ennemi, pour dire, c'étoit un royaliſte, où la crainte eſt le mobile univerſel, où les affections naturelles ſont des foibleſſes ; les préjugés de l'éducation, des crimes ; la retenue & la bonne foi, des ridicules ; le vœu du repos, un acte d'inciviſme ; la liberté, le droit d'opprimer, la violence & l'arbitraire, le caractère propre du gouvernement, il demandera la monarchie.

Et telle eſt, cependant, la fauſſe & malheureuſe idée qu'on eſt parvenu à donner à la plupart des français. Obſervez-les, ſur-tout dans les campagnes, vous verrez que chacun a formé tacitement dans sa tête, deux classes entièrement distinctes de ses concitoyens; que dans l'une, il range tout ce qu'il y a d'êtres paisibles, doux, faciles à s'alarmer, aimant l'ordre & la régularité des mœurs, & que c'est là ce qu'il entend par les aristocrates; que de l'autre, il range tout ce qui s'est armé de l'insensibilité, de l'effronterie, de l'impudeur, du sarcasme, de l'impiété; & que c'est-là ce qu'il entend par les patriotes. Faites-lui faire, sans lui en dire le motif, l'énumération des uns & des autres, vous verrez si elle n'est pas presque universellement telle que je viens de vous l'exposer.

Et voilà pourquoi il se révolte intérieurement contre ce qu'on lui dit être une république : c'est qu'on le trompe; c'est que ce qu'on lui dit être une république lui offre précisément tous les vices de la monarchie, & que se faisant de celle-ci une idée diamétralement opposée, il lui attribue tous les avantages qui n'appartiennent qu'à la première. Ainſi le peuple eſſentiellement républicain ſemble ſoupirer après la royauté, lorſqu'il ne fait que s'agiter pour trouver une ſituation meilleure, pour jouir des avantages que le pacte républicain lui avoit promis. On ne parviendra jamais à les demoraliſer aſſez, pour l'arracher à ſon inſtinct; à cet inſtinct par lequel il ſent qu'il exiſte en lui, un principe antérieur à toutes les inſtitutions humaines, celui de la bienveillance réciproque; ce ſentiment qui le fait participer par ſympathie au bonheur & aux maux de ſes ſemblables. Il ſent que ſi ce principe qui eſt la loi naturelle même, ceſſoit d'exiſter, la ſociété ſeroit ſur-le-champ diſſoute, ou n'exiſteroit que précairement par la terreur d'une autorité deſpotique; il ſent que c'eſt à cette baſe que toutes les loix poſitives doivent ſe rattacher comme à leur racine: que leur véritable objet n'eſt autre choſe que de rendre ce principe plus inhérent, plus efficace, de dessiner plus fortement cette heureuse ébauche de la nature, par la sanction des conventions & des coutumes. Le législateur qui perd ce point de vue, marche à l'aventure; & il va directement contre son but, lorsqu'au lieu de tendre à renforcer ce principe, il l'énerve & lui substitue le système de l'isolement & de l'égoïsme: car l'égoïsme est précisément le principe des distinctions, de la domination, de la monarchie; & celui de la bienveillance réciproque est au contraire celui de l'égalité naturelle, celui qui dispensant de beaucoup de loix fondamentales de la véritable liberté; celui qui met la sûreté & la propriété de chaque individu sous la sauve-garde de tous les autres; en un mot, c'est le véritable principe de la république.

Jamais roi ne fut autant roi que chacun de nos *directeurs républicains*; jamais roi ne prétendit influencer d'une manière plus directe les moindres actions de ses sujets. Les monarques de France traitèrent-ils jamais avec plus de mépris leurs parlemens, que le directoire ne traite le corps législatif ? Cromwel traita-t-il plus ignominieusement le parlement d'Angleterre ? la représentation nationale pouvoit-elle être réduite à un dégré d'abjection plus grand, que celui d'être convertie sous le canon du directoire, en tribunal révolutionnaire, pour se mutiler elle-même ? où est maintenant la garantie des représentans du peuple ? quel est celui qui osera montrer désormais quelque énergie en défendant les droits de ce même peuple ? quel est celui qui osera trouver mauvais qu'on l'abîme de contributions levées arbitrairement ? quel est celui qui osera s'opposer à ce qu'on fasse la guerre ou des traités de paix sans sa participation, à ce qu'on viole l'asyle des citoyens pendant la nuit, à ce qu'on les envoie incognito à Cayenne, où sont maintenant les bastilles de la république? celui qui auroit ce courage, ne seroit-il pas sûr d'être enveloppé dans la première conjuration, dont les directeurs auroient besoin pour parvenir à l'exécution de leurs grands projets? & le comble de l'opprobre n'est-il pas d'en être réduit à applaudir à tant d'avilissement? comme ce courtisan, aux yeux duquel un tyran d'Asie venoit de percer d'une flêche le cœur de son fils, & lui demandoit ce qu'il pensoit de son adresse : Apollon répondit : « Le lâche courtisan n'auroit pas tiré plus juste. »

Si j'avois voulu m'asseoir sur le trône avec ces *directeurs républicains*, ils ne m'auroient point trouvé royaliste; si j'avois voulu traîner avec eux la représentation nationale dans la boue, ils m'auroient trouvé très-patriote; si j'avois voulu être le complice de leurs forfaits, ils m'eussent trouvé très-innocent. Je les défie, je défie tous ceux qui ont prononcé ma condamnation, de m'imputer avec preuves, aucune parole, aucun écrit, aucun fait quelconque, depuis le commencement de la révolution, qui ne ſoit, tout à la fois, & dans les principes de la modération & de la juſtice, & dans ceux du civiſme le plus ardent. En eſt-il beaucoup qui puiſſent en dire autant d'eux-mêmes? & cependant qui plus que moi a été mis en avant dans les occaſions délicates & périlleuſes? J'ai été ſucceſſivement en butte à toutes les factions, parce que je n'ai ceſſé de les combattre toutes; j'ai été déchiré par les écrivains de tous les partis, mais jamais aucun n'a allégué la plus légère preuve de ſes aſſertions. On conçoit que des hommes, dont le métier eſt de calomnier à tant la page, ſevent tantôt la cauſe des républicains, & tantôt celle des royaliſtes. On conçoit qu'un Bailleul, pour accrocher une place, rampe devant celui qui les donne, prince ou directeur. Mais moi, l'un de ces directeurs, je demande ce que j'avois à gagner à la contre-révolution ; ce que j'avois à attendre des rois, des papes & des empereurs ? pouvoient-ils me donner un poste plus éminent que celui où je traitois d'égal à égal avec eux, & même avec la supériorité que la victoire attribue à la république, au nom de laquelle j'avois à parler ?

Je ne connois sur le globe aucune place qui puisse être mise en parallèle avec celle d'un membre constitutionnel du directoire exécutif ; ni de plus belles fonctions à remplir que celle de préserver le peuple du pouvoir absolu, car c'est-là, selon moi, le point saillant de ses devoirs. Et quel est celui dont cet acte de confiance, de la part d'une immense nation, ne sauroit combler les désirs ? Quel crime que celui de ne surprendre cette confiance, que pour se rendre despote soi-même! Les triumvirs, au lieu de sauver le peuple d'un pouvoir absolu quelconque, se sont saisis eux-mêmes du pouvoir absolu. Ils ont trouvé, qu'au dessus de la place de directeur, il existoit quelque chose, celle de dictateur : & ils ont voulu être dictateurs. Leur but actuel est de persuader au peuple qu'on peut vivre heureux sous des maîtres. Le peuple, après eux, recevroit certainement un Henri IV, comme un grand bienfait : c'est le gouvernement absolu d'un, au lieu du gouvernement absolu de cinq ; il ne voit pas d'autre résultat ; il ne sait déja plus ce que c'est que la liberté, ni les droits de l'homme, ni la haîne des tyrans ; il pense qu'il peut y avoir de bons tyrans. Eh bien ! moi, j'aime mieux être proscrit que d'être dictateur : c'est un rôle infâme que celui d'oppresseur du peuple : c'est un sort honorable, & que je n'ai plus à envier, que celui d'être victime de sa fidélité.

Le tigre de l'anarchie mâchoit à vide depuis long-tems ; ça été pour lui une jouiſſance inexprimable, quand il a vu le directoire lui jeter deux de ſes propres membres, pour appaiſer ſa groſſe faim. Quand il a vu tomber dans ſa gueule, celui qui l'avoit fait jeûner ſi long-temps; le ſeul de tous les membres de ce directoire qui eût aimé la liberté dès le principe, qui l'eût aimée pour elle-même, qui l'eût ſervie efficacement; car ce ſont ceux-là ſurtout qu'il aime à dévorer : ſi j'euſſe été royaliſte ou républicain de circonſtance, comme mes collègues, il m'eût vu tomber avec indifférence; ce ſont des patriotes purs qu'il lui faut : auſſi a-t-il ſenti pour ſes pourvoyeurs une tendreſſe d'étonnement, & il leur a léché un inſtant la main.

La ſéquelle royaliſte n'a été ni moins ſurpriſe, ni moins ſatisfaite, en voyant s'accomplir ce mot de Vergniaux : « La révolution eſt comme Sa» turne qui dévore ſes propres enfans. » Tous les monarques de l'Europe ont dû voter dans leurs cœurs des remercimens à leurs confreres de France, pour les avoir enfin délivrés de cet intraitable ennemi, qui, depuis leur coalition, leur avoit causé tant d'inquiétude & de chagrins. On ne pouvoit pas mieux choisir sa victime pour combler à la fois les vœux des protecteurs de Louis XVIII, & ceux des amis d'Orléans : il est malheureux qu'elle ait échappé aux bonnes intentions des directeurs républicains.

Quelle bizarrerie ! les triumvirs ont vécu pendant deux années dans l'insouciance ; ils ne se sont occupés de rien ; ils ont abandonné le corps législatif aux fureurs de toutes les factions ; aucune n'a été ni prévenue, ni déjouée par eux : ils n'ont cessé de l'insulter, d'en avilir individuellement les membres ; ils ont fini par le mettre sous leurs pieds ; & ils sont proclamés par lui les sauveurs de la liberté. J'ai pendant ces deux années fait pour la sûreté de la repréſentation nationale le devoir d'une ſentinelle vigilante ; je lui ai fait un rempart contre les brigands qui vouloient l'aſſaſſiner ; j'ai écarté d'elle les plus dangereux orages ; j'ai voulu qu'elle fût honorée, inviolable juſques dans ſes écarts, reſpectée dans chacun de ſes membres ; & je ſuis proſcrit par elle, ſans qu'aucune voix s'élève dans ſon ſein pour réclamer contre cet excès d'injuſtice. Je recueille, pour fruit de mon dévouement, le banniſſement, la diffamation, la miſère!!! Eh bien! légiſlateurs, triumvirs, généraux qui avez trahi vos devoirs, miniſtres qui avez ſervi l'iniquité, je vous le répète, je préfére mon ſort au vôtre ; oui, ma proſcription m'eſt chère : puiſſé-je avoir pu la mériter par plus de zèle encore pour la gloire & la proſpérité de ma patrie.

Mais je ſuis injuſte moi-même, en diſant qu'aucune voix ne s'eſt élevée pour moi. OUDOT, au conſeil des cinq-cents, a oſé parler en ma faveur, & LACUÉE, du conſeil des anciens, a rendu ſon témoignage public par la voie de l'impreſſion. Certes, dans un pareil état d'oppreſſion, de tels actes ſont d'une grande généroſité. Que ces repréſentans, vraiment dignes d'un peuple libre, reçoivent donc ici l'expreſſion d'une reconnoiſſance égale à leur courage ; le ſuffrage de deux hommes purs ſuffit à mon cœur ; jamais ceux qui ont commandé ma proſcription n'en obtiendront autant. Puiſſe cet acte ſublime n'être pas un jour pour ceux qui l'ont fait, un titre à partager la perſécution que j'éprouve ! (1)

J'ai cru devoir répondre au rap-

(1) D'autres encore, et de ceux qui sont également comptés parmi les plus énergiques patriotes, m'ont témoigné en particulier leur douleur. Ils ont senti qu'ils ne pouvoient rien contre une faction dont toutes les mesure avoient été méditées avec une profondeur de scélératesse dont l'histoire n'offre point d'exemple.

port de la commiſſion, parce que c'eſt une pièce authentique. On trouvera peut-être qu'il y a du fiel dans cet écrit, & je ſerois ſenſible à ce reproche, s'il étoit fondé. Perſonne ne répugne plus que moi à répondre par des injures, & je ne me pardonnerois pas celles que j'aurois dites gratuitement, même à mes aſſaſſins. Mais je prie le lecteur de conſidérer que la nature de l'accuſation déterminoit forcément le mode de ma réponſe. S'il n'eût été queſtion que de relever des erreurs, s'il y eût eu des preuves produites, & que mon objet n'eût été que de montrer l'inſignifiance de ces preuves, une diſcuſſion froide & polémique eût ſuffi, & je l'aurois certainement préférée. Mais le directoire avance des faits poſitifs, & ne fournit aucune garantie de ſon dire, que ſa moralité. Il a donc bien fallu montrer combien cette garantie étoit caduque; faire voir qu'il s'agiſſoit, non pas d'erreur, mais de mauvaiſe foi;

que mes accusateurs étoient, non pas trompés, mais trompeurs ; il a fallu enfin que j'arrachasse le masque à ces imposteurs, à ces brigands consommés. J'avoue que je ne sais pas dire poliment à quelqu'un : « Vous en avez menti, vous êtes un traître, un égorgeur. » Si je l'avois dit aux triumvirs, sans le prouver, ou plus qu'il n'étoit nécessaire de le dire pour développer leur exécrable système, j'aurois tort ; mais le mépris qu'ils m'inspirent me certifie, que je n'ai mis dans mes paroles aucune passion qui ait pu m'écarter de la vérité rigoureuse ; je ne me suis pas occupé d'eux un seul instant, mais uniquement de ce qui étoit nécessaire pour ma justification. Combien de leurs complices dont j'aurois pu dévoiler la bassesse & les turpitudes, & que je n'ai pas nommés ! ce n'est certainement pas par égard pour leurs individus ; mais je n'ai pas voulu salir ma plume de leurs noms, parce que cela n'auroit rien ajouté à l'évidence des preuves que j'ai mises sous les yeux du public. Je pense qu'il n'est pas une personne désintéressée, qui ne se sente pénétrée envers ces scélérats, de cette sombre indignation qu'on éprouve, toutes les fois qu'on voit le crime insolent triompher & insulter lâchement à la victime qu'il vient d'immoler.

Mon but fut de faire aimer la république, en lui donnant pour base une liberté réelle & non consistante dans des expressions dérisoires. J'ai voulu conserver à la représentation nationale du grand peuple, le rang suprême que la nature des choses ordonne, & que la constitution lui désigne. J'ai désiré que les citoyens fussent dirigés dans leur conduite par des institutions converties en habitudes, plus que par les menaces de la loi; enfin, j'ai pensé qu'il valoit mieux laisser les préjugés se dissiper insensiblement par les lumières de la raison, que de les extirper avec violence. J'ai sûrement fait beaucoup de fautes, dans une carrière pour laquelle je n'avois point été destiné : mais en aucun temps je ne me suis écarté de ces principes qui m'ont servi de boussole dans les tourmentes révolutionnaires. Si j'ai profité de l'enthousiasme général pour pousser la guerre avec une vigueur auparavant inconnue, ça été pour faire cesser plutôt l'état de crise où cet enthousiasme même mettoit la nation. J'avois formé le projet d'écrire l'histoire de cette guerre sacrée, qui a posé sur tant de trophées immortels les bases de la grande république; & de consigner dans ces annales les traits innombrables d'héroïsme des défenseurs de la patrie, pour être la gloire & l'instruction de leur postérité. C'étoit pour cela que dès le principe, j'avois établi le cabinet appelé *topographique & historique*; où j'ai fait rassembler une immense quanrité de matériaux, que d'autres pourront mieux que moi mettre en œuvre.

Je n'ai point usé du long exercice du pouvoir qui m'a été confié pour amasser des richesses, pour élever mes parens aux emplois lucratifs; mes mains sont nettes & mon cœur pur.

Je ne cesserai de tourner mes regards vers ma patrie: personne n'a le droit de me dépouiller de la qualité de citoyen, que m'a donné la constitution, que j'ai méritée par mon amour pour elle, par mon zèle à la servir; je ne reconnois point des actes arbitraires, ni l'œuvre de la tyrannie: je demande un jugement régulier & constitutionnel, & je ne crains ni la sévérité des juges, ni l'exaltation des jurés: quels qu'ils soient, les uns & les autres, je suis sûr d'être aussi républicain qu'eux; je ne réclame que leur liberté dans l'émission de leur acte déclaratoire. Mon seul crime, je le répète, on ne m'en trouvera point d'autres, est d'avoir voulu empêcher que le peuple français eût des tyrans. J'ai dû échouer dans ce projet, parce que je n'ai voulu opposer que les moyens autorisés par la constitution, dont le dépôt m'étoit confié, à des monstres pour lesquels il n'y a rien de sacré.

O France! ô ma patrie! ô grand peuple, véritablement grand peuple! c'est sur ton sol que j'eus le bonheur de naître; je ne puis cesser de t'appartenir qu'en cessant d'exister. Tu renfermes tous les objets de mon affection: l'ouvrage que mes mains ont contribué à fonder; le vieillard probe qui me donna le jour; une famille sans tache; des amis qui connoissent le fond de mon cœur, qui savent si jamais il conçut d'autre pensée que celle du bonheur de ses compatriotes, s'il forma d'autre vœu que celui de ta gloire immortelle, de ta conſtante proſpérité : Reçois ce vœu que je renouvelle chaque jour, que j'adreſſe en ce moment à tout ce que tu contiens d'ames honnêtes & vertueuſes, à tous ceux qui conſervent au dedans d'eux-mêmes l'étincelle ſacrée de la liberté ; & je finis par la prière des ſpartiates : O DIEUX ! FAITES QUE NOUS PUISSIONS SUPPORTER L'INJUSTICE !

www.ingramcontent.com/pod-product-compliance
Ingram Content Group UK Ltd.
Pitfield, Milton Keynes, MK11 3LW, UK
UKHW012026240726
13965UKWH00002B/604

9 782013 398442